L. Annaeus Seneca

Epistulae morales ad Lucilium
Liber III

Briefe an Lucilius über Ethik
3. Buch

Lateinisch / Deutsch

Übersetzt und herausgegeben
von Franz Loretto

Philipp Reclam jun. Stuttgart

Dieses Bändchen ist Teil einer im Entstehen begriffenen zweisprachigen Gesamtausgabe der Lucilius-Briefe. Bisher sind erschienen die Bücher I–IX und XIV–XX.

Universal-Bibliothek Nr. 2134
Alle Rechte vorbehalten
© 1985 Philipp Reclam jun. GmbH & Co., Stuttgart
Gesamtherstellung: Reclam, Ditzingen. Printed in Germany 2000
RECLAM und UNIVERSAL-BIBLIOTHEK sind eingetragene Marken
der Philipp Reclam jun. GmbH & Co., Stuttgart
ISBN 3-15-002134-0

Inhalt

Epistula XXII · 22. Brief   4
Epistula XXIII · 23. Brief 12
Epistula XXIV · 24. Brief 16
Epistula XXV · 25. Brief 32
Epistula XXVI · 26. Brief 36
Epistula XXVII · 27. Brief 40
Epistula XXVIII · 28. Brief 44
Epistula XXIX · 29. Brief 50

Zur Textgestalt 58
Anmerkungen 59
Nachwort 74
Senecas erhaltene Werke 92
Literaturhinweise 94

Epistula XXII

Seneca Lucilio suo salutem

(1) Iam intellegis educendum esse te ex istis occupationibus speciosis et malis, sed quomodo id consequi possis quaeris. Quaedam non nisi a praesente monstrantur; non potest medicus per epistulas cibi aut balinei tempus eligere: vena tangenda est. Vetus proverbium est gladiatorem in harena capere consilium: aliquid adversarii vultus, aliquid manus mota, aliquid ipsa inclinatio corporis intuentem monet. (2) Quid fieri soleat, quid oporteat, in universum et mandari potest et scribi; tale consilium non tantum absentibus, etiam posteris datur: illud alterum, quando fieri debeat aut quemadmodum, ex longinquo nemo suadebit, cum rebus ipsis deliberandum est. (3) Non tantum praesentis sed vigilantis est occasionem observare properantem; itaque hanc circumspice, hanc si videris prende, et toto impetu, totis viribus, id age ut te istis officiis exuas. Et quidem quam sententiam feram adtende: censeo aut ex ista vita tibi aut e vita exeundum. Sed idem illud existimo, leni eundum via, ut quod male inplicuisti solvas potius quam abrumpas, dummodo, si alia solvendi ratio non erit, vel abrumpas. Nemo tam timidus est ut malit semper pendere quam semel cadere. (4) Interim, quod primum est, inpedire te noli; contentus esto negotiis in quae descendisti, vel, quod videri mavis, incidisti. Non est quod ad ulteriora

22. Brief

Seneca entbietet Lucilius seinen Gruß

(1) Schon siehst Du ein, daß Du Dich entziehen mußt diesen Deinen Beschäftigungen, den blendenden und verderblichen[1], doch wie Du dies erreichen kannst, fragst Du. Manche Anweisungen gibt man nur an Ort und Stelle; nicht kann der Arzt durch Briefe den richtigen Zeitpunkt für die Mahlzeit oder das Bad bestimmen; den Puls muß er befühlen[2]. Ein altes Sprichwort lautet, daß der Gladiator erst in der Arena seine Kampftaktik festlegt: Bei aufmerksamer Beobachtung gibt ihm die Miene, eine Handbewegung, ja schon die gebückte Körperhaltung seines Gegners irgendeinen Hinweis. (2) Was üblich, was unumgänglich ist, läßt sich ganz allgemein empfehlen und schriftlich mitteilen; ein solcher Rat wird nicht nur Abwesenden, sondern auch der Nachwelt erteilt: jenes andere aber, *wann* es zu geschehen hat und *wie*, wird niemand aus der Ferne vorschlagen, den konkreten Sachverhalt muß man in Erwägung ziehen. (3) Eine flüchtige Gelegenheit wahrzunehmen, setzt nicht nur Anwesenheit, sondern auch Wachsamkeit voraus; schau Dich daher nach einer solchen Gelegenheit um, und wenn Du sie erblickst, greif zu und arbeite mit allem Elan, mit allen Kräften darauf hin, Dich dieser Deiner Verpflichtungen zu entledigen. Und achte jedenfalls auf meinen Vorschlag: Ich bin der Ansicht, daß Du aus diesem Deinem jetzigen Leben oder aus dem Leben überhaupt scheiden sollst.[3] Doch ich meine auch folgendes, daß Du dabei behutsam vorgehen sollst, um die Bande, in die Du Dich unglückseligerweise verstrickt hast, lieber zu lösen als abzureißen, vorausgesetzt, daß Du, falls es kein anderes Mittel gibt, davon loszukommen, sie auch zerreißt.[4] Niemand ist so furchtsam, daß er lieber immerfort baumeln, als einmal fallen möchte. (4) Einstweilen aber – und das ist das Allerwichtigste – leg Dir keine Hindernisse in den Weg; sei zufrieden mit den Aufgaben, auf die Du Dich eingelassen hast, oder, wenn Du es lieber so betrachtet wissen willst, auf die Du hereingefal-

nitaris, aut perdes excusationem et apparebit te non incidisse.
Ista enim quae dici solent falsa sunt: 'non potui aliter. Quid si
nollem? necesse erat.' Nulli necesse est felicitatem cursu
sequi: est aliquid, etiam si non repugnare, subsistere nec
instare fortunae ferenti.
(5) Numquid offenderis si in consilium non venio tantum sed
advoco, et quidem prudentiores quam ipse sum, ad quos
soleo deferre si quid delibero? Epicuri epistulam ad hanc rem
pertinentem lege, Idomeneo quae inscribitur, quem rogat ut
quantum potest fugiat et properet, antequam aliqua vis maior
interveniat et auferat libertatem recedendi. (6) Idem tamen
subicit nihil esse temptandum nisi cum apte poterit tempestiveque temptari; sed cum illud tempus captatum diu venerit,
exiliendum ait. Dormitare de fuga cogitantem vetat et sperat
salutarem etiam ex difficillimis exitum, si nec properemus
ante tempus nec cessemus in tempore. (7) Puto, nunc et Stoicam sententiam quaeris. Non est quod quisquam illos apud te
temeritatis infamet: cautiores quam fortiores sunt. Expectas
forsitan ut tibi haec dicant: 'turpe est cedere oneri; luctare
cum officio quod semel recepisti. Non est vir fortis ac strenuus qui laborem fugit, nisi crescit illi animus ipsa rerum
difficultate.' (8) Dicentur tibi ista, si operae pretium habebit
perseverantia, si nihil indignum bono viro faciendum patiendumve erit; alioqui sordido se et contumelioso labore non

len bist. Es gibt für Dich keinen Anlaß, noch höher hinaus zu streben, andernfalls wird Deine Rechtfertigung gegenstandslos sein, und es wird sich herausstellen, daß Du nicht »hereingefallen« bist. Das nämlich, was man zu sagen pflegt, ist unzutreffend: »Ich konnte nicht anders. Was, wenn ich nicht gewollt hätte? Es war notwendig.« Niemand ist gezwungen, hinter dem Erfolg herzulaufen; es bedeutet schon etwas, auch ohne dagegen anzukämpfen, wenigstens haltzumachen und nicht nachzujagen dem lockenden Glück.
(5) Nimmst Du etwa Anstoß daran, wenn ich zur Beratung nicht nur erscheine, sondern auch andere einlade, und zwar klügere, als ich es selbst bin, denen ich gewöhnlich meine Überlegungen unterbreite? Epikurs Brief, der sich auf dieses Thema bezieht, sollst Du lesen, der an Idomeneus gerichtet ist;[5] er (Epikur) bittet diesen, nach Kräften zu fliehen und sich zu beeilen, bevor irgendeine höhere Gewalt dazwischentreten und ihm die Freiheit zum Rückzug nehmen könnte.
(6) Er fügt jedoch ebenfalls hinzu, man solle nur dann etwas unternehmen, wenn man es auf angemessene Weise und rechtzeitig unternehmen kann; doch wenn jener lang ersehnte Zeitpunkt gekommen ist, müsse man, sagt er, aufspringen. Vor sich hindösen läßt er einen, der an die Flucht denkt, nicht, und hofft auf einen glücklichen Ausweg auch aus den schwierigsten Situationen, vorausgesetzt, daß wir vor der Zeit nichts überstürzen und im richtigen Augenblick nicht zögern. (7) Nun bist Du, glaube ich, auch auf die stoische[6] Auffassung gespannt. Niemand hat Anlaß, die Stoiker bei Dir der Leichtfertigkeit zu verdächtigen: eher vorsichtig sind sie als heldenhaft. Du erwartest vielleicht, daß sie Dir folgendes sagen: »Eine Schande ist es, sich der Bürde zu entledigen; ringe mit der Aufgabe, die Du einmal übernommen hast! Nicht mutig und energisch ist der Mann, der die Anstrengung meidet, wenn sein Selbstvertrauen nicht gerade an den Schwierigkeiten wächst.« (8) Das wird man Dir sagen, wenn sich Beharrlichkeit lohnt, wenn ein rechtschaffener Mann nichts Unwürdiges tun oder leiden muß; ansonsten aber wird er sich nicht mit verächtlicher und erniedrigender Plackerei

conteret nec in negotiis erit negotii causa. Ne illud quidem
quod existimas facturum eum faciet, ut ambitiosis rebus inplicitus semper aestus earum ferat; sed cum viderit gravia in
quibus volutatur, incerta, ancipitia, referet pedem, non vertet
terga, sed sensim recedet in tutum. (9) Facile est autem, mi
Lucili, occupationes evadere, si occupationum pretia contempseris; illa sunt quae nos morantur et detinent. 'Quid
ergo? tam magnas spes relinquam? ab ipsa messe discedam?
nudum erit latus, incomitata lectica, atrium vacuum?' Ab his
ergo inviti homines recedunt et mercedem miseriarum amant,
ipsas execrantur. (10) Sic de ambitione quomodo de amica
queruntur, id est, si verum adfectum eorum inspicias, non
oderunt sed litigant. Excute istos qui quae cupiere deplorant
et de earum rerum loquuntur fuga quibus carere non possunt:
videbis voluntariam esse illis in eo moram quod aegre ferre
ipsos et misere loquuntur. (11) Ita est, Lucili: paucos servitus,
plures servitutem tenent. Sed si deponere illam in animo est et
libertas bona fide placuit, in hoc autem unum advocationem
petis, ut sine perpetua sollicitudine id tibi facere contingat,
quidni tota te cohors Stoicorum probatura sit? omnes Zenones et Chrysippi moderata, honesta, tua suadebunt. (12) Sed
si propter hoc tergiversaris, ut circumspicias quantum feras
tecum et quam magna pecunia instruas otium, numquam
exitum invenies: nemo cum sarcinis enatat. Emerge ad melio-

aufreiben, und er wird nicht geschäftig sein nur um des Geschäftes willen. Nicht einmal das, was Du von ihm erwartest, wird er tun, nämlich daß er, in ehrgeizige Unternehmungen verstrickt, immerfort ihr Auf und Ab erträgt; sondern wenn er sieht, daß die Verhältnisse, deren Spielball er geworden, drückend, unsicher und bedenklich sind, wird er den Rückzug antreten, nicht Hals über Kopf fliehen, sondern sich allmählich in Sicherheit bringen.[7] (9) Leicht ist es aber, mein Lucilius, den Beschäftigungen zu entgehen, wenn Du das Entgelt für die Beschäftigungen geringachtest; dieses ist es, was uns zögern läßt und aufhält. »Was nun? So großen Hoffnungen soll ich entsagen? Gerade auf die Ernte soll ich verzichten? Niemand wird an meiner Seite gehen, ohne Gefolge wird meine Sänfte sein und mein Atrium leer?«[8] Das also geben die Menschen (so) ungern auf und schätzen den Lohn ihrer Nöte, sie selbst aber verfluchen sie. (10) So klagen sie über ihre Karrieresucht wie über eine Geliebte, das heißt – wenn Du in ihr wahres Gefühl hineinschaust – sie hassen nicht, sondern zanken sich. Prüfe diese da, die beklagen, was sie begehrt haben, und die vom Verzicht auf jene Dinge reden, die aufzugeben sie nicht imstande sind; Du wirst sehen, daß sie aus freien Stücken darin verweilen, was sie angeblich nur mit Mühe und schweren Herzens ertragen. (11) So ist es, Lucilius: Nur wenige hält die Knechtschaft gefangen, die Mehrzahl hält an der Knechtschaft fest. Doch wenn Du diese abzuschütteln beabsichtigst und an der Freiheit[9] ernstlich Gefallen gefunden hast, und Du nur zu *dem* Zweck einen Aufschub forderst, damit es Dir gelinge, diese Tat ohne fortwährende Beunruhigung zu vollbringen, wie sollte Dich dann nicht die ganze Stoikerschar akzeptieren? Alle jene, wie Zenon und Chrysippos[10], werden Dir Mäßigung,[11] Anstand und, was Deinem Wesen entspricht[12], empfehlen. (12) Wenn Du jedoch deswegen Ausflüchte machst, um danach zu sehen, wieviel Du mit Dir schleppen und mit wieviel Geld Du Dir Dein ruhiges Privatleben einrichten sollst, wirst Du niemals einen Ausweg finden: niemand rettet sich schwimmend mit seinem Gepäck.[13] Tauch auf zu einem besseren Leben,

rem vitam propitiis diis, sed non sic quomodo istis propitii sunt quibus bono ac benigno vultu mala magnifica tribuerunt, ob hoc unum excusati, quod ista quae urunt, quae excruciant, optantibus data sunt.

(13) Iam inprimebam epistulae signum: resolvenda est, ut cum sollemni ad te munusculo veniat et aliquam magnificam vocem ferat secum; et occurrit mihi ecce nescio utrum verior an eloquentior. 'Cuius?' inquis. Epicuri; adhuc enim alienas sarcinas adfero: (14) 'nemo non ita exit e vita tamquam modo intraverit'. Quemcumque vis occupa, adulescentem, senem, medium: invenies aeque timidum mortis, aeque inscium vitae. Nemo quicquam habet facti; in futurum enim nostra distulimus. Nihil me magis in ista voce delectat quam quod exprobratur senibus infantia. (15) 'Nemo' inquit 'aliter quam quomodo natus est exit e vita.' Falsum est: peiores morimur quam nascimur. Nostrum istud, non naturae vitium est. Illa nobiscum queri debet et dicere, 'quid hoc est? sine cupiditatibus vos genui, sine timoribus, sine superstitione, sine perfidia ceterisque pestibus: quales intrastis exite'. (16) Percepit sapientiam, si quis tam securus moritur quam nascitur; nunc vero trepidamus cum periculum accessit, non animus nobis, non color constat, lacrimae nihil profuturae cadunt. Quid est turpius quam in ipso limine securitatis esse sollicitum? (17) Causa autem haec est, quod inanes omnium bonorum sumus, vitae ⟨iactura⟩ laboramus. Non enim apud nos pars eius ulla subsedit: transmissa est et effluxit. Nemo quam bene vivat sed quam diu curat, cum omnibus possit contingere ut bene vivant, ut diu nulli. Vale.

22. Brief

wenn Dir die Götter gnädig sind, doch nicht in der Weise, wie sie solchen Leuten gnädig sind, denen sie mit gütiger und huldreicher Miene prunkvolle Plagen geschenkt haben, nur dadurch gerechtfertigt, daß diese Qualen und Martern auf Wunsch verliehen wurden.

(13) Schon war ich nahe daran, dem Brief das Siegel aufzudrücken: entfalten muß ich ihn wieder, damit er mit der üblichen kleinen Gabe bei Dir ankomme und wenigstens ein brillantes Zitat mitbringe[14]. Und sieh da, es fällt mir ein solches ein, ob eher wahr oder nur gewandt formuliert, weiß ich nicht. »Von wem?«, sagst Du. Von Epikur; denn noch immer biete ich fremdes Eigentum an[15]: (14) »Jedermann geht so aus dem Leben, als ob er eben eingetreten sei.« Wende Dich an den erstbesten, an einen jungen, einen alten Mann, an einen in mittleren Jahren: Du wirst ihn antreffen gleichermaßen furchtsam angesichts des Todes[16], gleichermaßen unerfahren im Leben. Niemand hat etwas Fertiges aufzuweisen; auf die Zukunft haben wir nämlich unsere Aufgaben verschoben. Nichts erheitert mich an diesem Ausspruch mehr, als daß alten Menschen kindisches Wesen vorgehalten wird.[17] (15) »Niemand«, sagt er, »geht anders aus dem Leben als so, wie er geboren wurde.« Falsch! Schlechter sind wir bei unserem Tod als bei der Geburt. *Unsere* Schuld ist das, nicht die der Natur.[18] Jene müßte sich über uns beklagen und sagen: »Was ist denn das? Frei von Begierden habe ich euch geboren, frei von Ängsten, frei von Aberglauben, frei von Arglist und allen sonstigen Verderbnissen: Wie ihr eingetreten seid, so geht hinaus!« (16) Wenn jemand so unbekümmert stirbt, wie er geboren wird, ist er im Besitz der Weisheit; nun aber zittern wir, wenn eine Gefahr nahe ist, wir verlieren die Fassung, wechseln die Gesichtsfarbe, vergießen nutzlose Tränen. Was ist schmählicher, als gerade an der Schwelle der Sicherheit beunruhigt zu sein? Der Grund aber liegt darin, daß wir bar aller Werte sind und an dem Verlust des Lebens leiden. Denn kein Stück davon ist uns geblieben: es ist verstrichen und verronnen. Niemand kümmert sich darum, wie anständig er lebt, sondern nur, wie lange, obwohl es allen gelingen kann, anständig zu leben, doch lange, niemandem.[19] Leb wohl!

Epistula XXIII

Seneca Lucilio suo salutem

(1) Putas me tibi scripturum quam humane nobiscum hiemps egerit, quae et remissa fuit et brevis, quam malignum ver sit, quam praeposterum frigus, et alias ineptias verba quaerentium? Ego vero aliquid quod et mihi et tibi prodesse possit scribam. Quid autem id erit nisi ut te exhorter ad bonam mentem? Huius fundamentum quod sit quaeris? ne gaudeas vanis. Fundamentum hoc esse dixi: culmen est. (2) Ad summa pervenit qui scit quo gaudeat, qui felicitatem suam in aliena potestate non posuit; sollicitus est et incertus sui quem spes aliqua proritat, licet ad manum sit, licet non ex difficili petatur, licet numquam illum sperata deceperint. (3) Hoc ante omnia fac, mi Lucili: disce gaudere. Existimas nunc me detrahere tibi multas voluptates qui fortuita summoveo, qui spes, dulcissima oblectamenta, devitandas existimo? immo contra nolo tibi umquam deesse laetitiam. Volo illam tibi domi nasci: nascitur si modo intra te ipsum fit. Ceterae hilaritates non implent pectus; frontem remittunt, leves sunt, nisi forte tu iudicas eum gaudere qui ridet: animus esse debet alacer et fidens et supra omnia erectus. (4) Mihi crede, verum gaudium res severa est. An tu existimas quemquam soluto vultu et, ut isti delicati loquuntur, hilariculo mortem contemnere, paupertati domum aperire, voluptates tenere sub freno, meditari dolorum patientiam? Haec qui apud se versat in magno gaudio est, sed parum blando. In huius gaudii possessione esse te

23. Brief

Seneca entbietet Lucilius seinen Gruß

(1) Glaubst Du, ich würde Dir schreiben, wie glimpflich mit uns der Winter verfahren ist, wie mild er war und kurz, wie unfreundlich der Frühling ist, wie unzeitgemäß der Frost, und sonstigen Unsinn von Leuten, denen es nur um leere Worte geht? Ich jedoch will etwas schreiben, was sowohl mir als auch Dir nützen kann. Was aber wird dies sonst sein, als daß ich Dich zur richtigen Denkweise[1] ermahne. Was deren Grundlage sei, fragst Du? Dich nicht an Belanglosigkeiten zu ergötzen. Die Grundlage sei dies, habe ich gesagt: es ist schon der Gipfel. (2) Den Höhepunkt hat erreicht, wer weiß, woran er sich freuen soll, der sein Glück nicht auf fremde Macht gegründet hat; beunruhigt und seiner selbst nicht sicher ist der, den irgendeine Hoffnung lockt, mag nun ihre Erfüllung naheliegend, mag sie ohne Schwierigkeiten erreichbar sein, mag jenen auch das Erhoffte niemals enttäuscht haben[2]. (3) Tu das vor allem, mein Lucilius: lerne Dich freuen! Du glaubst nun, ich entziehe Dir viele Wonnen, der ich die Geschenke des Zufalls (von Dir) fernhalte, der ich die Hoffnungen, die liebsten Ablenkungen, gemieden wissen will? Nein, ganz im Gegenteil, ich will, daß es Dir niemals an Freude fehle. Ich will, daß sie Dir zu Hause erwachse: Sie erwächst dort, vorausgesetzt nur, daß sie in Deinem eigenen Innern erzeugt wird. Andere Formen des Frohsinns füllen das Herz nicht aus, sie glätten nur die Stirn, sind oberflächlich, es sei denn, Du glaubst, es freue sich, wer lacht: der Geist soll munter sein, zuversichtlich und über alles erhaben.[3] (4) Glaub mir, wahre Freude ist eine ernste Sache. Meinst Du etwa, daß irgendwer mit lässiger und, wie diese Playboys daherreden, mit vergnüglicher Miene sich über den Tod hinwegsetzt, der Armut sein Haus öffnet, Leidenschaften zügelt, sich im Ertragen von Schmerz übt?[4] Wer sich das durch den Kopf gehen läßt, empfindet eine große, doch wenig betörende Freude. Im Besitz dieser Freude will ich

volo: numquam deficiet, cum semel unde petatur inveneris.
(5) Levium metallorum fructus in summo est: illa opulentissima sunt quorum in alto latet vena adsidue plenius responsura fodienti. Haec quibus delectatur vulgus tenuem habent ac perfusoriam voluptatem, et quodcumque invecticium gaudium est fundamento caret: hoc de quo loquor, ad quod te conor perducere, solidum est et quod plus pateat introrsus.
(6) Fac, oro te, Lucili carissime, quod unum potest praestare felicem: dissice et conculca ista quae extrinsecus splendent, quae tibi promittuntur ab alio vel ex alio; ad verum bonum specta et de tuo gaude. Quid est autem hoc 'de tuo'? te ipso et tui optima parte. Corpusculum quoque, etiam si nihil fieri sine illo potest, magis necessariam rem crede quam magnam; vanas suggerit voluptates, breves, paenitendas ac, nisi magna moderatione temperentur, in contrarium abituras. Ita dico: in praecipiti voluptas ⟨stat⟩, ad dolorem vergit nisi modum tenuit; modum autem tenere in eo difficile est quod bonum esse credideris: veri boni aviditas tuta est. (7) Quod sit istud interrogas, aut unde subeat? Dicam: ex bona conscientia, ex honestis consiliis, ex rectis actionibus, ex contemptu fortuitorum, ex placido vitae et continuo tenore unam prementis viam. Nam illi qui ex aliis propositis in alia transiliunt aut ne transiliunt quidem sed casu quodam transmittuntur, quomodo habere quicquam certum mansurumve possunt suspensi et vagi? (8) Pauci sunt qui consilio se suaque disponant: ceteri, eorum more quae fluminibus innatant, non eunt

Dich wissen; nie wird sie zur Neige gehen, wenn Du einmal ihre Quelle gefunden hast. (5) Der Abbau minderwertiger Metalle findet an der Oberfläche statt: jene hingegen sind die hochwertigsten, deren Ader in der Tiefe verborgen liegt; sie will sich dem unermüdlich Schürfenden immer reichlicher erschließen. Das, woran sich die Volksmenge ergötzt, verursacht ein seichtes und oberflächliches Vergnügen, und jeder Freude, die von außen kommt, mangelt es an fester Grundlage. Diese Freude hingegen, von der ich rede und zu der ich Dich hinzuführen suche, ist beständig und solcherart, daß sie sich mehr im Innern offenbart. (6) Tu das, ich bitte Dich, teuerster Lucilius, was allein einen glücklich machen kann: zerschlage und zertritt das, was von außen her glänzt, was Dir von einem anderen Menschen oder aus einem anderen Bereich verheißen wird; schau auf den echten Wert und erfreue Dich an dem Deinen! Was aber bedeutet dies: »an dem Deinen«? An Dir selbst und an dem besten Teil von Dir. Auch den armseligen Körper, selbst wenn ohne ihn nichts geschehen kann, halte eher für ein unentbehrliches als ein bedeutendes Ding; schale Genüsse verschafft er, kurzlebige, die man zu bereuen hat und die, wenn sie nicht mit großer Selbstbeherrschung eingeschränkt werden, bald ins Gegenteil umschlagen. So sage ich: am Abgrund steht die Lust[5], in Leid artet sie aus, wenn sie nicht Maß gehalten hat; doch schwierig ist es darin Maß zu halten, was man als einen Wert angesehen haben mag. Das Verlangen nach echtem Wert ist gefahrlos. (7) Was dies sei, fragst Du, und wo es herkomme? Ich will es Dir sagen: aus einem guten Gewissen, aus ehrbaren Absichten, aus richtigen Handlungen[6], aus der Nichtachtung der Zufälligkeiten, aus dem ruhigen und beständigen Wandel eines Lebens, das (immer) ein und denselben Weg beschreitet.[7] Denn jene, die von einem Vorsatz zum anderen springen, beziehungsweise nicht einmal springen, sondern von einem Zufall mitgerissen werden, nie können sie überhaupt etwas Sicheres und Bleibendes an sich haben, unschlüssig und haltlos (wie sie sind). (8) Nur wenige gibt es, die sich und ihre Angelegenheiten planmäßig einrichten, die übrigen aber, wie

sed feruntur; ex quibus alia lenior unda detinuit ac mollius
vexit, alia vehementior rapuit, alia proxima ripae cursu languescente
deposuit, alia torrens impetus in mare eiecit. Ideo
constituendum est quid velimus et in eo perseverandum.
(9) Hic est locus solvendi aeris alieni. Possum enim tibi vocem
Epicuri tui reddere et hanc epistulam liberare: 'molestum
est semper vitam inchoare'; aut si hoc modo magis sensus
potest exprimi, 'male vivunt qui semper vivere incipiunt'.
(10) 'Quare?' inquis; desiderat enim explanationem ista vox.
Quia semper illis inperfecta vita est; non potest autem stare
paratus ad mortem qui modo incipit vivere. Id agendum est ut
satis vixerimus: nemo hoc praestat qui orditur cum maxime
vitam. (11) Non est quod existimes paucos esse hos: propemodum
omnes sunt. Quidam vero tunc incipiunt cum desinendum
est. Si hoc iudicas mirum, adiciam quod magis admireris:
quidam ante vivere desierunt quam inciperent. Vale.

Epistula XXIV

Seneca Lucilio suo salutem

(1) Sollicitum esse te scribis de iudici eventu quod tibi furor
inimici denuntiat; existimas me suasurum ut meliora tibi ipse
proponas et adquiescas spei blandae. Quid enim necesse est
mala accersere, satis cito patienda cum venerint praesumere,

Gegenstände, die in Flüssen dahinschwimmen, schreiten nicht, sondern lassen sich treiben. Von diesen hat die einen[8] eine langsamere Woge erfaßt und sanfter getragen, die anderen eine stürmischere fortgerissen, die einen hat sie in nächster Nähe des Ufers bei nachlassender Strömung angeschwemmt, die anderen wieder eine reißende Flut ins Meer hinausgestoßen. Daher müssen wir klarstellen, was wir wollen, und dabei bleiben.

(9) Hier ist nun die Gelegenheit, meine Schulden zu begleichen. Ich kann Dir ein Wort Deines Epikur[9] zukommen lassen und so diesen Brief auslösen: »Lästig ist es, das Leben immer neu anzufangen«[10]; oder wenn der Sinn folgendermaßen besser ausgedrückt werden kann, »schlecht leben jene, die immerfort zu leben beginnen.«[11] (10) »Warum?«, fragst Du; dieses Wort erfordert nämlich eine Erklärung: Weil für sie das Leben immer unvollendet bleibt; nicht aber kann auf den Tod vorbereitet dastehen, wer gerade anfängt zu leben. Darauf müssen wir hinarbeiten, daß wir ausreichend gelebt haben[12]; dies aber leistet niemand, der sein Leben eben erst beginnt. (11) Du hast keinen Grund, anzunehmen, es gebe nur wenige solche: fast alle sind es. Wenn Dir das erstaunlich vorkommt, will ich etwas hinzufügen, worüber Du noch mehr staunen magst: Manche haben aufgehört zu leben, noch bevor sie begonnen haben[13]. Leb wohl!

24. Brief

Seneca entbietet Lucilius seinen Gruß

(1) Besorgt bist Du, wie Du schreibst, über den Ausgang eines Prozesses, den Dir die Raserei eines Gegners drohend ankündigt[1]; Du nimmst an, daß ich Dir raten werde, Dir das Günstigere in Aussicht zu stellen und in einer schmeichelhaften Hoffnung Deine Ruhe zu finden. Denn warum soll man das Unglück herbeirufen und das, was schnell genug zu erlei-

ac praesens tempus futuri metu perdere? Est sine dubio stultum, quia quandoque sis futurus miser esse iam miserum. (2) Sed ego alia te ad securitatem via ducam: si vis omnem sollicitudinem exuere, quidquid vereris ne eveniat eventurum utique propone, et quodcumque est illud malum, tecum ipse metire ac timorem tuum taxa: intelleges profecto aut non magnum aut non longum esse quod metuis. (3) Nec diu exempla quibus confirmeris colligenda sunt: omnis illa aetas tulit. In quamcumque partem rerum vel civilium vel externarum memoriam miseris, occurrent tibi ingenia aut profectus aut impetus magni. Numquid accidere tibi, si damnaris, potest durius quam ut mittaris in exilium, ut ducaris in carcerem? Numquid ultra quicquam ulli timendum est quam ut uratur, quam ut pereat? Singula ista constitue et contemptores eorum cita, qui non quaerendi sed eligendi sunt. (4) Damnationem suam Rutilius sic tulit tamquam nihil illi molestum aliud esset quam quod male iudicaretur. Exilium Metellus fortiter tulit, Rutilius etiam libenter; alter ut rediret rei publicae praestitit, alter reditum suum Sullae negavit, cui nihil tunc negabatur. In carcere Socrates disputavit et exire, cum essent qui promitterent fugam, noluit remansitque, ut duarum rerum gravissimarum hominibus metum demeret, mortis et carceris. (5) Mucius ignibus manum inposuit. Acerbum est uri: quanto acerbius si id te faciente patiaris! Vides hominem non eruditum nec ullis praeceptis contra mortem aut dolorem subornatum, militari tantum robore instructum, poenas a se inriti

den ist, wenn es eintrifft, vorwegnehmen, und die Gegenwart durch die Angst vor der Zukunft verderben? Es ist zweifellos töricht, weil Du irgendeinmal vielleicht unglücklich sein wirst, schon jetzt unglücklich zu sein. (2) Doch ich will Dich auf einem anderen Weg zur Gemütsruhe[2] führen: Wenn Du jede Besorgnis ablegen willst, dann stell Dir vor, daß alles, was Du befürchtest, es könnte geschehen, auf jeden Fall eintreffen wird, und was immer jenes Übel sein mag, betrachte es von allen Seiten, und schätze Deine Furcht ab: Du wirst in der Tat einsehen, daß der Gegenstand Deiner Furcht entweder nicht bedeutend oder nicht langdauernd ist. (3) Und man braucht auch nicht lange nach Vorbildern[3] zu suchen, die Dich stärken können: jede Epoche hat sie hervorgebracht. In jedem Teilbereich unserer innen- beziehungsweise außenpolitischen Tätigkeit, den Du Dir in Erinnerung rufst, werden Dir geniale Persönlichkeiten von beachtlicher Reife oder Spannkraft entgegentreten. Kann Dir denn im Falle einer Verurteilung etwas Härteres widerfahren, als daß Du verbannt, daß Du eingekerkert wirst? Muß denn jemand etwas Ärgeres befürchten, als gebrannt zu werden, als umzukommen? Stelle diese Qualen einzeln zusammen und nenne ihre Verächter, die man nicht suchen, sondern auswählen muß. (4) Seine Verurteilung ertrug Rutilius[4] so, als ob ihm nichts daran lästig wäre, als daß er zu Unrecht verurteilt wurde. Das Exil ertrug Metellus[5] tapfer, Rutilius sogar gerne; der eine kehrte dem Gemeinwesen zuliebe zurück, der andere verweigerte seine Rückkehr dem Sulla[6], dem damals nichts verweigert wurde. Im Kerker führte Sokrates seine philosophischen Gespräche[7] und wollte ihn, obwohl es Leute gab, die ihm eine Gelegenheit zur Flucht in Aussicht stellten, nicht verlassen, sondern blieb[8], um den Menschen die Angst vor zwei höchst bedrückenden Dingen zu nehmen: vor dem Tod und vor dem Kerker. (5) Mucius legte die Hand ins Feuer.[9] Schmerzlich ist es, gebrannt zu werden; um wieviel schmerzlicher, wenn Du es durch eigenes Tun erleidest! Du siehst einen Mann, ungebildet und durch keinerlei Unterweisungen gegen den Tod oder Schmerz gewappnet, nur militärisch abgehärtet, der von

conatus exigentem; spectator destillantis in hostili foculo dexterae stetit nec ante removit nudis ossibus fluentem manum quam ignis illi ab hoste subductus est. Facere aliquid in illis castris felicius potuit, nihil fortius. Vide quanto acrior sit ad occupanda pericula virtus quam crudelitas ad inroganda: facilius Porsina Mucio ignovit quod voluerat occidere quam sibi Mucius quod non occiderat.

(6) 'Decantatae' inquis 'in omnibus scholis fabulae istae sunt; iam mihi, cum ad contemnendam mortem ventum fuerit, Catonem narrabis.' Quidni ego narrem ultima illa nocte Platonis librum legentem posito ad caput gladio? Duo haec in rebus extremis instrumenta prospexerat, alterum ut vellet mori, alterum ut posset. Compositis ergo rebus, utcumque componi fractae atque ultimae poterant, id agendum existimavit ne cui Catonem aut occidere liceret aut servare contingeret; (7) et stricto gladio quem usque in illum diem ab omni caede purum servaverat, 'nihil' inquit 'egisti, fortuna, omnibus conatibus meis obstando. Non pro mea adhuc sed pro patriae libertate pugnavi, nec agebam tanta pertinacia ut liber, sed ut inter liberos, viverem: nunc quoniam deploratae sunt res generis humani, Cato deducatur in tutum.' (8) Inpressit deinde mortiferum corpori vulnus; quo obligato a medicis cum minus sanguinis haberet, minus virium, animi idem, iam non tantum Caesari sed sibi iratus nudas in vulnus manus egit

sich selbst Strafe für ein erfolgloses Wagnis fordert;[10] als
Beobachter seiner sich über der feindlichen Feuerstätte auflösenden[11] Rechten stand er da und nahm die bis auf die nackten
Knochen langsam verbrennende Hand nicht eher zurück, als
bis ihm das Feuer vom Feind unten weggezogen wurde. Er
hätte in jenem Lager etwas Ersprießlicheres leisten können,
doch nichts Heldenhafteres. Siehe, um wieviel leidenschaftlicher die Bereitschaft der Tugend ist, sich in Gefahren zu
stürzen, als die der Grausamkeit, sie herbeizuführen: Leichter hat Porsenna[12] Mucius verziehen, daß er ihn töten wollte,
als Mucius sich selbst, daß er ihn nicht getötet hatte.
(6) »Abgedroschen«, sagst Du, »sind in allen Schulen diese
Geschichten; gleich wirst Du mir, wenn die Rede auf die
Todesverachtung kommt, von Cato[13] erzählen.« Warum
sollte ich nicht erzählen, wie er in jener letzten Nacht Platons
Buch[14] las, das Schwert neben seinem Haupt? Diese zwei
Werkzeuge hatte er sich in der äußersten Not besorgt, das
eine, um sterben zu wollen, das andere, um es zu können.
Nachdem er nun seine Angelegenheiten in Ordnung gebracht
hatte, so gut dies bei dem völligen Zusammenbruch eben
möglich war, glaubte er alles daransetzen zu müssen, daß es
weder jemandem vergönnt sei, Cato zu töten, noch es ihm
gelänge, ihn am Leben zu erhalten. (7) Er zog das Schwert,
das er bis zu jenem Tage rein von jeglichem Blut bewahrt
hatte, und sprach: »Nichts hast Du erreicht, Fortuna, mit
deinem Widerstand gegen alle meine Bemühungen. Nicht
kämpfte ich bisher für meine, sondern für meines Vaterlands
Freiheit, und das Ziel meiner so beharrlichen Tätigkeit war
nicht, frei, sondern unter Freien zu leben. Nun aber, da ja die
Lage des Menschengeschlechts aussichtslos geworden ist,
möge Cato in Sicherheit gebracht werden!« (8) Hierauf fügte
er sich die todbringende Wunde zu. Als die Ärzte diese verbunden hatten, und ihm infolge des starken Blutverlustes die
Kräfte schwanden, sein Geist aber immer noch der gleiche
blieb, stieß er, nicht so sehr über Caesar als über sich selbst
verärgert, die bloßen Hände in die Wunde, und gab seinen

et generosum illum contemptoremque omnis potentiae spiritum non emisit sed eiecit.

(9) Non in hoc exempla nunc congero ut ingenium exerceam, sed ut te adversus id quod maxime terribile videtur exhorter; facilius autem exhortabor, si ostendero non fortes tantum viros hoc momentum efflandae animae contempsisse sed quosdam ad alia ignavos in hac re aequasse animum fortissimorum, sicut illum Cn. Pompei socerum Scipionem, qui contrario in Africam vento relatus cum teneri navem suam vidisset ab hostibus, ferro se transverberavit et quaerentibus ubi imperator esset, 'imperator' inquit 'se bene habet'.
(10) Vox haec illum parem maioribus fecit et fatalem Scipionibus in Africa gloriam non est interrumpi passa. Multum fuit Carthaginem vincere, sed amplius mortem. 'Imperator' inquit 'se bene habet': an aliter debebat imperator, et quidem Catonis, mori? (11) Non revoco te ad historias nec ex omnibus saeculis contemptores mortis, qui sunt plurimi, colligo; respice ad haec nostra tempora, de quorum languore ac deliciis querimur: omnis ordinis homines suggerent, omnis fortunae, omnis aetatis, qui mala sua morte praeciderint. Mihi crede, Lucili, adeo mors timenda non est ut beneficio eius nihil timendum sit. (12) Securus itaque inimici minas audi; et quamvis conscientia tibi tua fiduciam faciat, tamen, quia multa extra causam valent, et quod aequissimum est spera et ad id te quod est iniquissimum compara. Illud autem ante omnia memento, demere rebus tumultum ac videre quid in

edelmütigen Geist, den Verächter jeder Gewalt, nicht auf, nein, er warf ihn hinaus.
(9) Nicht deshalb trage ich jetzt die Beispiele zusammen, um meine geistigen Fähigkeiten zu betätigen, sondern um Dich gegen das zu ermutigen, was als das Furchtbarste erscheint; leichter aber werde ich Dich ermutigen, wenn ich bewiesen habe, daß nicht nur tapfere Männer diesem Augenblick des letzten Atemzuges gelassen entgegensahen, sondern auch manche in anderer Hinsicht zaghafte Menschen darin den Mut der größten Helden erreicht haben, wie zum Beispiel jener Scipio[15], der Schwiegervater des Cn. Pompeius[16], der von einem ungünstigen Wind nach Afrika zurückverschlagen wurde und sich, als er sein Schiff in feindlichen Händen sah, mit dem Schwert durchbohrte; auf die Frage, wo der Feldherr sei, antwortete er: »Dem Feldherrn geht es gut.« (10) Dieses Wort machte ihn seinen Vorfahren ebenbürtig und ließ nicht zu, daß der den Scipionen in Afrika zum Schicksal gewordene Ruhm[17] unterbrochen werde. Viel bedeutete es, Karthago zu besiegen, mehr noch, den Tod. »Dem Feldherrn geht es gut«, sagte er; oder hätte ein Feldherr, und noch dazu der eines Cato, anders sterben sollen? (11) Ich will aber Deine Aufmerksamkeit nicht auf historische Berichte hinlenken und auch nicht die Todesverächter, deren Zahl beachtlich ist, aus allen Generationen zusammenstellen; blicke auf diese unsere Zeit, über deren Kraftlosigkeit und Genußsucht wir uns beklagen: Sie wird uns Menschen jeden Standes, jeder sozialen Stellung, jeden Alters vor Augen führen, die ihrem Elend durch den Tod ein Ende gemacht haben. Glaub mir, Lucilius, so wenig hat man den Tod zu fürchten, daß man durch seine Wohltat[18] nichts zu befürchten hat. (12) Sorglos höre Dir daher die Drohungen Deines Gegners an; und obgleich Dich Dein Gewissen zuversichtlich macht, so erhoffe Dir immerhin, weil auch vieles, was nicht zum Rechtsfall gehört, von Bedeutung ist, das Günstigste, bereite Dich aber auf das Ungünstigste vor! Denke aber vor allem daran, den Vorgängen das Aufregende zu nehmen und zu sehen, was es mit der Sache selbst für eine Bewandtnis hat. Du wirst erkennen, daß

quaque re sit: scies nihil esse in istis terribile nisi ipsum timorem. (13) Quod vides accidere pueris, hoc nobis quoque maiusculis pueris evenit: illi quos amant, quibus adsueverunt, cum quibus ludunt, si personatos vident, expavescunt: non hominibus tantum sed rebus persona demenda est et reddenda facies sua. (14) Quid mihi gladios et ignes ostendis et turbam carnificum circa te frementem? Tolle istam pompam sub qua lates et stultos territas: mors es, quam nuper servus meus, quam ancilla contempsit. Quid tu rursus mihi flagella et eculeos magno apparatu explicas? quid singulis articulis singula machinamenta quibus extorqueantur aptata et mille alia instrumenta excarnificandi particulatim hominis? Pone ista quae nos obstupefaciunt; iube conticiscere gemitus et exclamationes et vocum inter lacerationem elisarum acerbitatem: nempe dolor es, quem podagricus ille contemnit, quem stomachicus ille in ipsis deliciis perfert, quem in puerperio puella perpetitur. Levis es si ferre possum; brevis es si ferre non possum.

(15) Haec in animo voluta, quae saepe audisti, saepe dixisti; sed an vere audieris, an vere dixeris, effectu proba; hoc enim turpissimum est quod nobis obici solet, verba nos philosophiae, non opera tractare. Quid? tu nunc primum tibi mortem inminere scisti, nunc exilium, nunc dolorem? in haec natus es; quidquid fieri potest quasi futurum cogitemus. (16) Quod facere te moneo scio certe fecisse: nunc admoneo ut animum tuum non mergas in istam sollicitudinem; hebetabitur enim et minus habebit vigoris cum exsurgendum erit.

es an ihnen nichts Schreckliches gibt außer der Furcht selbst. (13) Was Du bei Kindern feststellen kannst, das widerfährt auch uns, etwas größeren Kindern[19]: Sie fürchten sich vor denen, die sie lieben, an die sie sich gewöhnt haben, mit denen sie spielen, wenn sie sie maskiert erblicken; nicht nur Menschen, sondern auch Dingen muß die Maske abgenommen und ihr eigenes Gesicht zurückgegeben werden. (14) Was zeigst du[20] mir Schwerter und Feuer und die Schar der dich umjohlenden Folterknechte? Weg mit dieser Aufmachung, unter der du dich verbirgst und die Dummen ängstigst! Du bist der Tod, den kürzlich mein Sklave, den meine Sklavin gelassen ertragen hat. Was bereitest du wiederum Peitschen und hölzerne Folterpferde mit allem Drum und Dran vor mir aus? Wozu die einzelnen Marterwerkzeuge, für die einzelnen Gelenke bestimmt, um sie auszurenken, und tausend andere Geräte, deren Zweck es ist, den Menschen stückweise zu Tode zu quälen? Weg mit den Dingen, die uns vor Schreck erstarren lassen! Laß verstummen die Seufzer und Klagen und die schmerzlichen Jammerschreie, die während der Zerfleischung ausgestoßen werden: Du bist doch wohl der Schmerz, über den sich jener Gichtkranke hinwegsetzt, den jener Magenkranke eben beim Genuß von Leckerbissen erträgt, den die junge Frau im Wochenbett erduldet. Leicht bist du, wenn ich dich ertragen kann, kurz bist du, wenn ich es nicht kann.[21]

(15) Darüber sinne nach, was Du oft hörtest, oft sagtest; doch prüfe es an der Wirkung, ob Du es wirklich gehört, ob Du es ernstlich gesagt hast! Das nämlich ist die größte Schande, was man uns gewöhnlich vorwirft, daß wir die Worte der Philosophie, nicht ihre Leistungen darlegen.[22] Wie? Ist Dir jetzt erst zu Bewußtsein gekommen, daß Dir Tod, Verbannung, Schmerz drohen? Dazu bist Du geboren! Alles, was geschehen kann, wollen wir gewissermaßen als bevorstehend betrachten. (16) Das, wozu ich Dich ermahne, hast Du, davon bin ich überzeugt, schon getan. Jetzt aber fordere ich Dich auf, nicht in jener Besorgnis zu versinken; dadurch wird nämlich Dein Geist ermatten und wird zu wenig Energie

Abduc illum a privata causa ad publicam; dic mortale tibi et fragile corpusculum esse, cui non ex iniuria tantum aut ex potentioribus viribus denuntiabitur dolor: ipsae voluptates in tormenta vertuntur, epulae cruditatem adferunt, ebrietates nervorum torporem tremoremque, libidines pedum, manuum, articulorum omnium depravationes. (17) Pauper fiam: inter plures ero. Exul fiam: ibi me natum putabo quo mittar. Alligabor: quid enim? nunc solutus sum? ad hoc me natura grave corporis mei pondus adstrinxit. Moriar: hoc dicis, desinam aegrotare posse, desinam alligari posse, desinam mori posse.
(18) Non sum tam ineptus ut Epicuream cantilenam hoc loco persequar et dicam vanos esse inferorum metus, nec Ixionem rota volvi nec saxum umeris Sisyphi trudi in adversum nec ullius viscera et renasci posse cotidie et carpi: nemo tam puer est ut Cerberum timeat et tenebras et larvalem habitum nudis ossibus cohaerentium. Mors nos aut consumit aut exuit; emissis meliora restant onere detracto, consumptis nihil restat, bona pariter malaque summota sunt. (19) Permitte mihi hoc loco referre versum tuum, si prius admonuero ut te iudices non aliis scripsisse ista sed etiam tibi. Turpe est aliud loqui, aliud sentire: quanto turpius aliud scribere, aliud sentire! Memini te illum locum aliquando tractasse, non repente

besitzen, wenn er sich wieder aufschwingen soll. Führe ihn von Deinem persönlichen Anliegen hin zu einem allgemeinen; sprich es aus, daß Dein armer kleiner Körper sterblich und zerbrechlich ist, dem nicht nur vom Unrecht oder von mächtigeren Gewalten her Kummer drohen wird; nein: die Vergnügungen selbst verwandeln sich in Qualen, Gelage bewirken Magenbeschwerden, Trunksucht Muskelstarre und -zittern, Ausschweifungen aber führen zu Verunstaltungen von Füßen, Händen und allen Gelenken. (17) Arm kann ich werden: ich werde in größerer Gesellschaft sein[23]; man wird mich verbannen: ich werde mich als dort geboren betrachten, wohin man mich schicken wird.[24] Man wird mich in Ketten legen: was dann? bin ich jetzt etwa frei? An diese schwere Last meines Körpers hat mich die Natur gefesselt.[25] Ich werde sterben: Du meinst damit folgendes: ich werde nicht mehr krank sein können, nicht mehr gefesselt werden können, nicht mehr sterben können.[26]

(18) Ich bin nicht so albern, an dieser Stelle das alte Lied Epikurs[27] herunterzuleiern und zu sagen, bloße Einbildungen seien die Schrecken der Unterwelt,[28] denn weder Ixion drehe sich auf einem Rad, noch schiebe Sisyphus den Felsblock mit seinen Schultern bergauf, noch können jemandes Eingeweide sich täglich erneuern und wieder aufgezehrt werden.[29] Niemand ist ein solches Kind, daß er Cerberus fürchtete[30] und die Finsternis und das gespenstische Aussehen von Gestalten, die aus nackten Knochen bestehen. Der Tod vernichtet oder erlöst uns;[31] werden wir entlassen, bleibt uns das Bessere erhalten, nachdem wir der Last ledig geworden sind;[32] werden wir aber vernichtet, bleibt uns nichts mehr; Gutes wie Böses ist uns entrückt. (19) Gestatte mir, an dieser Stelle einen Vers von Dir[33] zu zitieren, doch nicht, bevor ich Dich ermahnt habe zu bedenken, daß Du dies nicht nur für andere, sondern auch für Dich selbst geschrieben hast. Es ist beschämend, anders zu reden als zu denken:[34] wieviel beschämender, anders zu schreiben als zu denken! Ich entsinne mich, daß Du einmal jenes Problem erörtert hast, daß wir nicht plötzlich dem Tod anheimfallen, sondern Schritt für

nos in mortem incidere sed minutatim procedere. (20) Cotidie morimur; cotidie enim demitur aliqua pars vitae, et tunc quoque cum crescimus vita decrescit. Infantiam amisimus, deinde pueritiam, deinde adulescentiam. Usque ad hesternum quidquid transiit temporis periit; hunc ipsum quem agimus diem cum morte dividimus. Quemadmodum clepsydram non extremum stilicidium exhaurit sed quidquid ante defluxit, sic ultima hora qua esse desinimus non sola mortem facit sed sola consummat; tunc ad illam pervenimus, sed diu venimus. (21) Haec cum descripsisses quo soles ore, semper quidem magnus, numquam tamen acrior quam ubi veritati commodas verba, dixisti,

mors non una venit, sed quae rapit ultima mors est.

Malo te legas quam epistulam meam; apparebit enim tibi hanc quam timemus mortem extremam esse, non solam.
(22) Video quo spectes: quaeris quid huic epistulae infulserim, quod dictum alicuius animosum, quod praeceptum utile. Ex hac ipsa materia quae in manibus fuit mittetur aliquid. Obiurgat Epicurus non minus eos qui mortem concupiscunt quam eos qui timent, et ait: 'ridiculum est currere ad mortem taedio vitae, cum genere vitae ut currendum ad mortem esset effeceris'. (23) Item alio loco dicit: 'quid tam ridiculum quam adpetere mortem, cum vitam inquietam tibi feceris metu mortis?' His adicias et illud eiusdem notae licet, tantam hominum inprudentiam esse, immo dementiam, ut quidam timore mortis cogantur ad mortem. (24) Quidquid horum tractaveris,

24. Brief

Schritt auf ihn zukommen. (20) Täglich sterben wir; täglich wird uns nämlich ein Teil des Lebens genommen,[35] und selbst dann, wenn wir noch wachsen, nimmt das Leben ab. Die Kindheit haben wir verloren, dann das Knabenalter, dann die Jugend. Die Zeit, die bis zum gestrigen Tag verstrichen ist, ist unwiederbringlich dahin; selbst diesen Tag, den wir eben verbringen, teilen wir mit dem Tod. Wie die Wasseruhr nicht der letzte herabfallende Tropfen ausleert, sondern das ganze Wasser, das schon früher ausgelaufen ist, so macht die letzte Stunde, in der wir zu existieren aufhören, nicht allein den Tod aus, sondern sie allein vollendet ihn. In diesem Augenblick kommen wir bei ihm an, doch lange gehen wir auf ihn zu. (21) Nachdem Du dies beschrieben hattest in Deiner gewohnten Sprache, zwar immer großartig, nie jedoch eindrucksvoller, als wenn Du Deine Worte der Wahrheit anpaßt, sagtest Du:

»Nicht kommt ein einziger Tod, doch der dahinrafft, ist der letzte.«[36]

Ich wollte, Du würdest lieber Dich lesen als meinen Brief; dann wird es Dir nämlich klar werden, daß der Tod, den wir fürchten, der letzte ist, nicht der einzige.
(22) Ich sehe, wonach Du Ausschau hältst: Du fragst, was ich diesem Brief eingefügt habe, ob es jemandes beherzter Spruch ist oder ein nützlicher Rat. Aus diesem Bereich, den ich (eben) behandelt habe,[37] wird Dir etwas zukommen. Epikur tadelt nicht weniger jene, die den Tod herbeisehnen, als jene, die ihn fürchten, wobei er sagt: »Lächerlich ist es, aus Lebensüberdruß in den Tod zu rennen, da Du es ja mit Deiner Lebensführung so weit gebracht hast, daß Du in den Tod rennen mußt.« (23) Ebenso sagt er an einer anderen Stelle: »Was ist so lächerlich, wie nach dem Tod zu verlangen, wo Du Dir doch mit Deiner Todesangst selbst das Leben ruhelos gemacht hast?«[38] Diesen Worten magst Du noch folgende Überlegung von der gleichen Sorte[39] hinzufügen: So groß ist die Unvernunft, nein vielmehr der Wahnsinn der Menschen, daß manche durch ihre Todesangst in den Tod getrieben werden. (24) Was Du auch davon zum Gegenstand Deiner

confirmabis animum vel ad mortis vel ad vitae patientiam; [at] in utrumque enim monendi ac firmandi sumus, et ne nimis amemus vitam et ne nimis oderimus. Etiam cum ratio suadet finire se, non temere nec cum procursu capiendus est impetus. (25) Vir fortis ac sapiens non fugere debet e vita sed exire; et ante omnia ille quoque vitetur adfectus qui multos occupavit, libido moriendi. Est enim, mi Lucili, ut ad alia, sic etiam ad moriendum inconsulta animi inclinatio, quae saepe generosos atque acerrimae indolis viros corripit, saepe ignavos iacentesque: illi contemnunt vitam, hi gravantur. (26) Quosdam subit eadem faciendi videndique satietas et vitae non odium sed fastidium, in quod prolabimur ipsa inpellente philosophia, dum dicimus 'quousque eadem? nempe expergiscar dormiam, ⟨edam⟩ esuriam, algebo aestuabo. Nullius rei finis est, sed in orbem nexa sunt omnia, fugiunt ac sequuntur; diem nox premit, dies noctem, aestas in autumnum desinit, autumno hiemps instat, quae vere conpescitur; omnia sic transeunt ut revertantur. Nihil novi facio, nihil novi video: fit aliquando et huius rei nausia.' Multi sunt qui non acerbum iudicent vivere sed supervacuum. Vale.

Betrachtung machst, Du wirst Deinen Geist stärken zum geduldigen Ertragen des Todes oder des Lebens. Nach beiden Seiten hin müssen wir ermuntert und gestärkt werden, daß wir das Leben weder übermäßig lieben, noch es übermäßig hassen. Auch wenn die Vernunft rät, dem Leben ein Ende zu bereiten, soll der Anlauf dazu nicht unüberlegt und überstürzt genommen werden. (25) Ein tapferer und weiser Mann soll aus dem Leben nicht fliehen, sondern scheiden; und vor allem möge auch jene Gemütsverfassung, die viele befallen hat, gemieden werden, nämlich die Lust am Sterben.[40] Es gibt nämlich, mein lieber Lucilius, wie zu anderen Dingen, so auch zum Sterben eine leichtfertige Neigung, die oft die edelmütigen und geistvollsten Männer ergreift, oft auch untätige und niedergeschlagene: Jene verachten das Leben, diese können es nicht ertragen. (26) Manche werden es überdrüssig, immer dasselbe zu tun und zu sehen, und es überkommt sie nicht Haß gegen das Leben, sondern Widerwille, und wir geraten da hinein, indem uns die Philosophie selbst einen Anstoß dazu gibt, während wir sagen: »Wie lange noch dasselbe?[41] Gewiß doch, ich werde aufwachen und schlafen, essen und hungern, frieren und Hitze leiden. Nichts hat ein Ende, sondern alles ist zu einem Kreislauf verknüpft, es flieht und folgt nach; den Tag verdrängt die Nacht, der Tag die Nacht, der Sommer geht in den Herbst über, dem Herbst steht der Winter bevor, der wiederum vom Frühling gebändigt wird; alles zieht vorbei, doch so, daß es wiederkehrt. Nichts Neues tue ich, nichts Neues sehe ich: irgendeinmal empfinde ich auch davor Ekel.« Viele gibt es, die es nicht für bitter halten zu leben, sondern für sinnlos.[42] Leb wohl!

Epistula XXV

Seneca Lucilio suo salutem

(1) Quod ad duos amicos nostros pertinet, diversa via eundum est; alterius enim vitia emendanda, alterius frangenda sunt. Utar libertate tota: non amo illum nisi offendo. 'Quid ergo?' inquis 'quadragenarium pupillum cogitas sub tutela tua continere? Respice aetatem eius iam duram et intractabilem: non potest reformari; tenera finguntur.' (2) An profecturus sim nescio: malo successum mihi quam fidem deesse. Nec desperaveris etiam diutinos aegros posse sanari, si contra intemperantiam steteris, si multa invitos et facere coegeris et pati. Ne de altero quidem satis fiduciae habeo, excepto eo quod adhuc peccare erubescit; nutriendus est hic pudor, qui quamdiu in animo eius duraverit, aliquis erit bonae spei locus. (3) Cum hoc veterano parcius agendum puto, ne in desperationem sui veniat; nec ullum tempus adgrediendi fuit melius quam hoc, dum interquiescit, dum emendato similis est. Aliis haec intermissio eius inposuit, mihi verba non dat: expecto cum magno fenore vitia reditura, quae nunc scio cessare, non deesse. Inpendam huic rei dies et utrum possit aliquid agi an non possit experiar.

(4) Tu nobis te, ut facis, fortem praesta et sarcinas contrahe; nihil ex his quae habemus necessarium est. Ad legem naturae

25. Brief

Seneca entbietet Lucilius seinen Gruß

(1) Was unsere beiden Freunde betrifft, so muß man verschiedene Wege beschreiten; die Fehlhaltungen des einen müssen nämlich berichtigt, die des anderen gebrochen werden. Ich will mich ganz freimütig ausdrücken: Nicht liebe ich ihn, wenn ich ihm nicht weh tue. »Was nun?« wendest Du ein, »einen Vierzigjährigen gedenkst Du als Mündel unter Deiner Vormundschaft zu halten? Nimm Rücksicht auf sein ungelenkes und nicht mehr bildungsfähiges Alter: es kann nicht mehr umgestaltet werden; nur zarte Wesen lassen sich formen.« (2) Ob ich etwas ausrichten werde, weiß ich nicht; lieber lasse ich es an Erfolg als an Pflichttreue fehlen. Und Du sollst die Hoffnung nicht aufgeben, daß selbst chronisch Kranke geheilt werden können, wenn Du ihrer Unmäßigkeit entgegentrittst, wenn Du sie zwingst, viele Dinge gegen ihren Willen zu tun und zu ertragen. Auch im Hinblick auf den anderen bin ich wenig zuversichtlich, abgesehen davon, daß er immer noch bei jeder Verfehlung errötet;[1] dieses Schamgefühl muß gehegt werden; solange es nämlich in seinem Herzen verbleibt, wird noch einige Hoffnung am Platze sein. (3) Mit diesem alten Sünder[2] muß ich wohl schonender umgehen, damit er nicht in Verzweiflung über sich selbst gerät; und kein anderer Zeitpunkt wäre geeigneter gewesen, an ihn heranzutreten, als dieser, während er eine Ruhepause einlegt, während er einem Geläuterten ähnlich ist. Anderen hat diese seine Unterbrechung imponiert, mich führt sie nicht hinters Licht: Ich erwarte, daß sich die Fehler mit erheblichem Zuwachs wieder einstellen werden, die jetzt, wie ich weiß, nur (für eine Weile) aufgehört haben, aber nicht aus der Welt geschafft sind. Ich werde dieser Aufgabe (einige) Tage opfern und in Erfahrung bringen, ob man etwas erreichen kann oder nicht.

(4) Zeig Du Dich uns mutig[3], wie Du es auch tust, und reduziere Dein Gepäck[4]; nichts von dem, was wir besitzen, ist

revertamur; divitiae paratae sunt. Aut gratuitum est quo egemus, aut vile: panem et aquam natura desiderat. Nemo ad haec pauper est, intra quae quisquis desiderium suum clusit cum ipso Iove de felicitate contendat, ut ait Epicurus, cuius aliquam vocem huic epistulae involvam. (5) 'Sic fac' inquit 'omnia tamquam spectet Epicurus.' Prodest sine dubio custodem sibi inposuisse et habere quem respicias, quem interesse cogitationibus tuis iudices. Hoc quidem longe magnificentius est, sic vivere tamquam sub alicuius boni viri ac semper praesentis oculis, sed ego etiam hoc contentus sum, ut sic facias quaecumque facies tamquam spectet aliquis: omnia nobis mala solitudo persuadet. (6) Cum iam profeceris tantum ut sit tibi etiam tui reverentia, licebit dimittas paedagogum: interim aliquorum te auctoritate custodi – aut Cato ille sit aut Scipio aut Laelius aut alius cuius interventu perditi quoque homines vitia supprimerent, dum te efficis eum cum quo peccare non audeas. Cum hoc effeceris et aliqua coeperit apud te tui esse dignatio, incipiam tibi permittere quod idem suadet Epicurus: 'tunc praecipue in te ipse secede cum esse cogeris in turba.' (7) Dissimilem te fieri multis oportet, dum tibi tutum [non] sit ad te recedere. Circumspice singulos: nemo est cui non satius sit cum quolibet esse quam secum. 'Tunc praecipue in te ipse secede cum esse cogeris in turba' – si bonus vir ⟨es⟩, si quietus, si temperans. Alioquin in turbam tibi a te recedendum est: istic malo viro propius es. Vale.

unentbehrlich. Kehren wir zum Gesetz der Natur zurück; da liegt Reichtum bereit.[5] Umsonst ist, was wir bedürfen, oder billig. Brot und Wasser verlangt die Natur. Dafür ist niemand (zu) arm, und jeder, der darauf seinen Wunsch beschränkt hat, mag wohl mit Jupiter selbst um die Glückseligkeit wetteifern, wie Epikur sagt[6], von dem ich noch ein anderes Wort in diesen Brief einfügen will. (5) »Handle in allem so«, sagt er, »als ob Dir Epikur zusähe!«[7] Nützlich ist es zweifellos, sich einen Aufpasser aufzuerlegen und jemanden zu haben, auf den Du Rücksicht nimmst, von dem Du vermeinst, er sei bei Deinen Gedanken zugegen. Es ist sicherlich weitaus großartiger, so zu leben wie unter den Augen eines rechtschaffenen und immer gegenwärtigen Mannes; doch ich begnüge mich schon damit, daß Du alle Deine Handlungen so ausführst, als ob überhaupt jemand zusehen würde: Zu allem Bösen verleitet uns die Einsamkeit. (6) Wenn Du so weit fortgeschritten bist, daß Du auch vor Dir selbst Achtung empfindest, magst Du Deinen Ratgeber entlassen: vorläufig aber laß Dich von irgendeiner Respektsperson beaufsichtigen – sei es Cato, Scipio, oder Laelius,[8] oder ein anderer, bei dessen Erscheinen auch verkommene Menschen ihre Laster unterdrücken würden – während Du Dich zu einem solchen heranbildest, in dessen Beisein Du nicht zu sündigen wagst. Wenn Du das zuwege bringst, und Du vor Dir selbst Ehrfurcht zu haben beginnst, werde ich darangehen, Dir das zu gestatten, wozu auch Epikur rät: »Dann vor allem ziehe Dich in Dich selbst zurück, wenn Du gezwungen bist, in der breiten Masse zu sein.«[9] (7) Anders als die Menge mußt Du werden, bis Du Dich ungefährdet auf Dich zurückziehen kannst.[10] Schau Dich nach jedem einzelnen um: Keinen gibt es, für den es nicht vorteilhafter wäre, mit dem erstbesten zusammenzusein als mit sich selbst. »Dann vor allem ziehe Dich in Dich selbst zurück, wenn Du gezwungen bist, in der breiten Masse zu sein« – falls Du ein wertvoller Mann bist, gelassen und ausgeglichen. Ansonsten mußt Du Dich vor Dir in die Masse zurückziehen: dort (= bei Dir) bist Du einem schlechten Menschen allzu nahe.[11] Leb wohl!

Epistula XXVI

Seneca Lucilio suo salutem

(1) Modo dicebam tibi in conspectu esse me senectutis: iam vereor ne senectutem post me reliquerim. Aliud iam his annis, certe huic corpori, vocabulum convenit, quoniam quidem senectus lassae aetatis, non fractae nomen est: inter decrepitos me numera et extrema tangentis. (2) Gratias tamen mihi apud te ago: non sentio in animo aetatis iniuriam, cum sentiam in corpore. Tantum vitia et vitiorum ministeria senuerunt: viget animus et gaudet non multum sibi esse cum corpore; magnam partem oneris sui posuit. Exultat et mihi facit controversiam de senectute: hunc ait esse florem suum. Credamus illi: bono suo utatur. (3) Ire in cogitationem iubet et dispicere quid ex hac tranquillitate ac modestia morum sapientiae debeam, quid aetati, et diligenter excutere quae non possim facere, quae nolim, proinde habiturus atque si nolim quidquid non posse me gaudeo: quae enim querela est, quod incommodum, si quidquid debebat desinere defecit? (4) 'Incommodum summum est' inquis 'minui et deperire et, ut proprie dicam, liquescere. Non enim subito inpulsi ac prostrati sumus: carpimur, singuli dies aliquid subtrahunt viribus.' Ecquis exitus est melior quam in finem suum natura solvente dilabi? non quia aliquid mali sit ictus et e vita repentinus excessus, sed quia lenis haec est via, subduci. Ego certe, velut adpropinquet

26. Brief

Seneca entbietet Lucilius seinen Gruß

(1) Kürzlich sagte ich zu Dir, ich sei in Sichtweite des Alters:[1] nunmehr fürchte ich, das Alter hinter mir gelassen zu haben. Eine andere Bezeichnung paßt schon zu diesen meinen Jahren, wenigstens aber zu diesem Körper, weil nämlich »Greisenalter« der Name für nachlassende, nicht gebrochene Lebenskraft ist: zähle mich nicht zu den Hinfälligen, die an ihr Ende rühren. (2) Gleichwohl spreche ich mir selbst vor Dir den Dank aus: nicht verspüre ich im Geist den Nachteil der Bejahrtheit, obwohl ich ihn am Körper verspüre. Nur die Laster und ihre Helfer sind gealtert; kraftvoll ist der Geist und froh darüber, daß er nicht mehr viel mit dem Körper gemein hat[2]; einen Großteil seiner Last hat er abgelegt. Er jubelt und beginnt mit mir einen Wortwechsel wegen des Greisenalters: dieses, sagt er, stelle seine Blütezeit dar. Glauben wir ihm: mag er aus seinem Wert Nutzen ziehen! (3) Er gebietet mir nachzudenken und zu ermitteln, was ich von dieser charakterlichen Ausgeglichenheit und Selbstbeherrschung der Weisheit verdanke, was dem Alter[3], und gewissenhaft zu prüfen, was ich nicht tun kann, was ich nicht tun will, in der Absicht, alles, worüber ich mich freue, es nicht zu können, ebenso anzusehen, wie wenn ich es nicht wollte: Denn gibt es einen Grund zur Klage, ist es ein Schaden, wenn all das, was aufhören mußte, zur Neige gegangen ist? (4) »Das größte Unglück«, sagt Du, »ist es, dahinzusiechen und abzusterben und, um es treffend zu sagen, zu verfaulen. Denn nicht sind wir plötzlich getroffen und niedergestreckt worden: nein, ausgezehrt werden wir, jeder einzelne Tag entwendet etwas unseren Kräften.« Gibt es wohl einen besseren Abgang, als in einem natürlichen Auflösungsprozeß in sein Ende zu entgleiten? Nicht als ob ein tödlicher Schlag, ein plötzliches Scheiden aus dem Leben etwas Schlimmes wäre, sondern weil dieser Weg angenehm ist, sich unauffällig zu entfernen. Wie wenn die Prüfung herannahen würde und

experimentum et ille laturus sententiam de omnibus annis
meis dies venerit, ita me observo et adloquor: (5) 'nihil est'
inquam 'adhuc quod aut rebus aut verbis exhibuimus; levia
sunt ista et fallacia pignora animi multisque involuta lenoci-
niis: quid profecerim morti crediturus sum. Non timide itaque componor ad illum diem quo remotis strophis ac fucis de
me iudicaturus sum, utrum loquar fortia an sentiam, numquid simulatio fuerit et mimus quidquid contra fortunam iac-
tavi verborum contumacium. (6) Remove existimationem
hominum: dubia semper est et in partem utramque dividitur.
Remove studia tota vita tractata: mors de te pronuntiatura est.
Ita dico: disputationes et litterata colloquia et ex praeceptis
sapientium verba collecta et eruditus sermo non ostendunt
verum robur animi; est enim oratio etiam timidissimis audax.
Quid egeris tunc apparebit cum animam ages. Accipio condi-
cionem, non reformido iudicium.' (7) Haec mecum loquor,
sed tecum quoque me locutum puta. Iuvenior es: quid refert?
non dinumerantur anni. Incertum est quo loco te mors expec-
tet; itaque tu illam omni loco expecta.

(8) Desinere iam volebam et manus spectabat ad clausulam,
sed conficienda sunt aera et huic epistulae viaticum dandum
est. Puta me non dicere unde sumpturus sim mutuum: scis
cuius arca utar. Expecta me pusillum, et de domo fiet numera-
tio; interim commodabit Epicurus, qui ait 'meditare mortem', vel si commodius sic transire ad nos hic potest sensus:
'egregia res est mortem condiscere'. (9) Supervacuum forsitan
putas id discere quod semel utendum est. Hoc est ipsum

jener Tag, der sein Urteil über alle meine Jahre abgeben soll, gekommen sei, so beobachte ich mich jedenfalls und spreche zu mir: (5) »Nichts ist«, sage ich, »was wir bis jetzt durch Taten oder Worte zustande gebracht haben; bedeutungslose und irreführende Garantien für die Sinnesart sind es, in allerhand verführerischen Tand eingehüllt: Wie weit ich vorangekommen bin, will ich dem Tod glauben.⁴ Nicht ängstlich stelle ich mich daher auf jenen Tag ein, an dem ich ohne Tricks und falschen Aufputz über mich urteilen werde, ob ich nur mutig rede oder auch fühle, ob etwa Heuchelei und eine Farce gewesen sind all die kompromißlosen Worte, die ich gegen den Zufall geschleudert habe.⁵ (6) Weg mit der Meinung der Leute: unzuverlässig ist sie stets und zwiespältig. Weg mit den Studien, die du ein ganzes Leben lang betrieben hast: der Tod soll über dich das Urteil fällen. So sage ich: Wissenschaftliche Untersuchungen und gebildete Gespräche und Worte, aus Lehrmeinungen der Philosophen zusammengestellt, und eine gepflegte Ausdrucksweise zeigen noch keine Seelenstärke;⁶ selbst die Furchtsamen führen kühne Reden. Was du geleistet hast, wird sich dann weisen, wenn du in den letzten Zügen liegst. Ich nehme die Bedingung an, nicht schrecke ich vor dem Urteil zurück.« (7) So spreche ich zu mir selbst, doch nimm an, daß ich auch zu Dir gesprochen habe. Jünger bist Du: Was liegt daran? Nicht entscheidend ist die Zahl der Jahre.⁷ Es ist ungewiß, an welchem Ort Dich der Tod erwartet; daher erwarte Du ihn an jedem Ort.

(8) Ich wollte bereits aufhören, und meine Hand strebte dem Schlußsatz zu; doch ich muß noch die Rechnung begleichen und diesem Brief das Reisegeld beilegen. Stell Dir vor, ich sage es nicht, woher ich die Anleihe nehmen will, Du weißt, wessen Geldschrank ich beanspruche. Hab noch ein ganz klein wenig Geduld mit mir, und die Zahlung wird aus meinem Hause⁸ erfolgen; einstweilen wird mir Epikur aushelfen, der sagt: »Übe Dich ein auf den Tod!«⁹, oder wenn der Sinn dieses Gedankens in folgender Form uns leichter zugänglich wird: »Es ist großartig, den Tod zu erlernen.« (9) Überflüssig dünkt Dich vielleicht, das zu lernen, was nur einmal anzu-

quare meditari debeamus: semper discendum est quod an sciamus experiri non possumus: (10) 'Meditare mortem': qui hoc dicit meditari libertatem iubet. Qui mori didicit servire dedidicit; supra omnem potentiam est, certe extra omnem. Quid ad illum carcer et custodia et claustra? liberum ostium habet. Una est catena quae nos alligatos tenet, amor vitae, qui ut non est abiciendus, ita minuendus est, ut si quando res exiget, nihil nos detineat nec inpediat quominus parati simus quod quandoque faciendum est statim facere. Vale.

Epistula XXVII

Seneca Lucilio suo salutem

(1) 'Tu me' inquis 'mones? iam enim te ipse monuisti, iam correxisti? ideo aliorum emendationi vacas?' Non sum tam inprobus ut curationes aeger obeam, sed, tamquam in eodem valetudinario iaceam, de communi tecum malo conloquor et remedia communico. Sic itaque me audi tamquam mecum loquar; in secretum te meum admitto et te adhibito mecum exigo. (2) Clamo mihi ipse, 'numera annos tuos, et pudebit eadem velle quae volueras puer, eadem parare. Hoc denique tibi circa mortis diem praesta: moriantur ante te vitia. Dimitte istas voluptates turbidas, magno luendas: non venturae tan-

wenden ist. Gerade das ist es doch, weshalb wir uns einüben müssen: immerfort müssen wir lernen, was wir nicht in Erfahrung bringen können, ob wir uns darauf verstehen. (10) »Übe Dich ein auf den Tod«: Wer dies sagt, befiehlt, sich auf die Freiheit einzuüben. Wer gelernt hat zu sterben, hat verlernt Sklave zu sein; er steht über jeder, zumindest aber außerhalb jeder Gewalt. Was bedeuten ihm schon Kerker, Wache und Riegel? Einen freien Ausgang hat er. *Eine* Kette gibt es, die uns gefesselt hält, die Liebe zum Leben; diese Liebe sollen wir zwar nicht wegwerfen, aber doch abschwächen, damit uns, wenn die Umstände es irgendwann erforderlich machen, nichts abhält und hindert, bereit zu sein, das, was früher oder später doch getan werden muß, sofort zu tun.[10] Leb wohl!

27. Brief

Seneca entbietet Lucilius seinen Gruß

(1) »*Du* ermahnst mich?«, sagt Du. »Schon hast Du Dich freilich selbst ermahnt, schon gebessert? Darum hast Du Zeit für die Besserung anderer?«[1] Ich bin nicht so überheblich, daß ich mich, selbst ein Kranker, an Heilversuche heranwage, sondern als ob ich in demselben Krankenhaus läge, unterhalte ich mich mit Dir über unser gemeinsames Leiden und teile mit Dir die Arzneien. Höre mich daher so an, als ob ich zu mir spräche; in mein Geheimnis weihe ich Dich ein und gehe in Deiner Anwesenheit mit mir ins Gericht. (2) Ich rufe mir selbst zu:[2] »Zähle deine Jahre und du wirst dich schämen, dasselbe zu wollen, was du als Knabe gewollt hattest,[3] nach demselben zu trachten. Tu dir wenigstens diesen Gefallen so knapp vor deinem Todestag: mögen doch deine Laster *vor* dir sterben. Weise ab von dir diese hektischen Vergnügen, für die ein hoher Preis zu bezahlen ist: nicht nur, wenn sie ins Haus stehen, sondern auch wenn sie vorbei sind, schaden sie.

tum sed praeteritae nocent. Quemadmodum scelera etiam si non sunt deprehensa cum fierent, sollicitudo non cum ipsis abit, ita inprobarum voluptatum etiam post ipsas paenitentia est. Non sunt solidae, non sunt fideles; etiam si non nocent, fugiunt. (3) Aliquod potius bonum mansurum circumspice; nullum autem est nisi quod animus ex se sibi invenit. Sola virtus praestat gaudium perpetuum, securum; etiam si quid obstat, nubium modo intervenit, quae infra feruntur nec umquam diem vincunt.' (4) Quando ad hoc gaudium pervenire continget? non quidem cessatur adhuc, sed festinetur. Multum restat operis, in quod ipse necesse est vigiliam, ipse laborem tuum inpendas, si effici cupis; delegationem res ista non recipit. (5) Aliud litterarum genus adiutorium admittit. Calvisius Sabinus memoria nostra fuit dives; et patrimonium habebat libertini et ingenium; numquam vidi hominem beatum indecentius. Huic memoria tam mala erat ut illi nomen modo Ulixis excideret, modo Achillis, modo Priami, quos tam bene noverat quam paedagogos nostros novimus. Nemo vetulus nomenclator, qui nomina non reddit sed inponit, tam perperam tribus quam ille Troianos et Achivos persalutabat. Nihilominus eruditus volebat videri. (6) Hanc itaque compendiariam excogitavit: magna summa emit servos, unum qui Homerum teneret, alterum qui Hesiodum; novem praeterea lyricis singulos adsignavit. Magno emisse illum non est quod mireris: non invenerat, faciendos locavit. Postquam haec familia illi comparata est, coepit convivas suos inquietare. Habebat ad pedes hos, a quibus subinde cum peteret versus

27. Brief

Wie die innere Unruhe mit den Missetaten selbst nicht vergeht, auch wenn sie unentdeckt geblieben sind, als sie begangen wurden, so bleibt die Reue wegen zügelloser Vergnügungen noch hinterher bestehen. Sie sind nicht dauerhaft, sind nicht verläßlich; auch wenn sie nicht schaden, verflüchtigen sie sich. (3) Schau dich lieber nach irgendeinem bleibenden Wert[4] um; es gibt aber keinen (anderen) als den, den der Geist in sich selbst findet. Die sittliche Vollkommenheit allein bietet fortwährende, sorglose Freude; auch wenn sich ein Hindernis einstellt, tritt es wie Wolken dazwischen, die darunter vorbeiziehen und nie das Tageslicht bezwingen.« (4) Wann wird es vergönnt sein, zu dieser Freude zu gelangen? Noch ist man zwar nicht säumig, doch man sollte sich beeilen. Viel bleibt noch zu tun, wofür Du persönlich Deine Wachsamkeit und Deine Mühe einsetzen mußt, wenn sich der gewünschte Erfolg einstellen soll; diese Sache läßt sich nicht übertragen. (5) Jede andere Art von Bildungseifer ist fremder Hilfe zugänglich. Calvisius Sabinus[5] war zu unserer Zeit ein reicher Mann; er besaß das Vermögen und die Intelligenz eines Freigelassenen; niemals habe ich einen Menschen gesehen, der auf eine ungehörige Weise beglückt war. Er hatte ein so schlechtes Gedächtnis, daß ihm bald der Name des Odysseus, bald der des Achilles, bald der des Priamos entfiel, die er so gut kannte, wie wir unsere Erzieher kennen. Kein seniler Nomenklator[6], der die Namen nicht wiedergibt, sondern erfindet, brachte die Tribus bei der Begrüßung so durcheinander[7] wie jener die Namen der Trojaner und Achäer. (6) Nichtsdestoweniger wollte er gebildet erscheinen. Daher dachte er sich folgenden Trick aus: Um eine hohe Summe kaufte er sich Sklaven: einen, der Homer, einen zweiten, der Hesiod[8] im Kopf hatte; außerdem wies er je einen den neun Lyrikern[9] zu. Du brauchst Dich nicht zu wundern, daß er sie um teures Geld gekauft hat: er hatte sie nicht finden können, er gab ihre Ausbildung in Auftrag. Nachdem dieses Personal für ihn bereitgestellt war, begann er seinen Gästen auf die Nerven zu gehen. Er hatte diese Sklaven zu Füßen, und obwohl er sich von ihnen immer wieder Verse soufflieren ließ,

quos referret, saepe in medio verbo excidebat. (7) Suasit illi
Satellius Quadratus, stultorum divitum adrosor et, quod
sequitur, adrisor, et, quod duobus his adiunctum est, derisor,
ut grammaticos haberet analectas. Cum dixisset Sabinus centenis milibus sibi constare singulos servos, 'minoris' inquit
'totidem scrinia emisses'. Ille tamen in ea opinione erat ut
putaret se scire quod quisquam in domo sua sciret. (8) Idem
Satellius illum hortari coepit ut luctaretur, hominem aegrum,
pallidum, gracilem. Cum Sabinus respondisset, 'et quomodo
possum? vix vivo', 'noli, obsecro te' inquit 'istuc dicere: non
vides quam multos servos valentissimos habeas?' Bona mens
nec commodatur nec emitur; et puto, si venalis esset, non
haberet emptorem: at mala cotidie emitur.
(9) Sed accipe iam quod debeo et vale. 'Divitiae sunt ad legem
naturae composita paupertas.' Hoc saepe dicit Epicurus aliter
atque aliter, sed numquam nimis dicitur quod numquam satis
discitur; quisbusdam remedia monstranda, quibusdam inculcanda sunt. Vale.

Epistula XXVIII

Seneca Lucilio suo salutem

(1) Hoc tibi soli putas accidisse et admiraris quasi rem novam
quod peregrinatione tam longa et tot locorum varietatibus
non discussisti tristitiam gravitatemque mentis? Animum

um sie zu zitieren, geriet er oft mitten im Wort aus dem Konzept.[10] (7) Ihm riet Satellius Quadratus, ein Schmarotzer reicher Dummköpfe, folglich auch ihr Schmeichler und, was mit dazugehört, Spötter, sich Sprachgelehrte als Brockensammler[11] zu halten. Als Sabinus gesagt hatte, jeder einzelne Sklave koste ihn hunderttausend Sesterze, erwiderte dieser, »um weniger Geld hättest du ebensoviele Bücherbehälter[12] kaufen können«. Gleichwohl blieb er in dem Wahn befangen, daß er glaubte, selbst zu wissen, was überhaupt einer in seinem Hause wußte. (8) Derselbe Satellius fing an, ihn, den kranken, blassen, hageren Mann, zu ermuntern, er solle sich im Ringkampf versuchen. Nachdem Sabinus erwidert hatte: »Und wie könnte ich das? ich lebe ja kaum noch«, meinte jener: »Aber ich bitte dich, rede doch nicht so: siehst du nicht, wie viele bärenstarke Sklaven du besitzst?« – Eine gute Sinnesart kann man sich weder ausleihen noch kaufen; und ich glaube, wenn sie käuflich wäre, fände sie keinen Käufer; eine schlechte hingegen wird täglich gekauft.
(9) Doch nimm in Empfang, was ich Dir schulde, und dann leb wohl! »Reichtum ist die nach dem Naturgesetz geregelte Armut.« Dies sagt Epikur oft einmal so, einmal anders;[13] doch nie wird zu viel gesagt, was nie genug gelernt wird; manchen muß man Heilmittel nur verordnen, manchen gewaltsam einflößen. Leb wohl!

28. Brief

Seneca entbietet Lucilius seinen Gruß

(1) Du meinst, daß dies Dir allein widerfahren ist, und wunderst Dich darüber wie über etwas noch nie Dagewesenes, daß Du trotz einer so langen Auslandsreise und trotz so vieler Ortsveränderungen Deine schlechte Laune und Niedergeschlagenheit nicht losgeworden bist?[1] Deine Geisteshaltung

debes mutare, non caelum. Licet vastum traieceris mare, licet,
ut ait Vergilius noster,

> terraeque urbesque recedant,

sequentur te quocumque perveneris vitia. (2) Hoc idem querenti cuidam Socrates ait, 'quid miraris nihil tibi peregrinationes prodesse, cum te circumferas? premit te eadem causa quae expulit'. Quid terrarum iuvare novitas potest? quid cognitio urbium aut locorum? in inritum cedit ista iactatio. Quaeris quare te fuga ista non adiuvet? tecum fugis. Onus animi deponendum est: non ante tibi ullus placebit locus. (3) Talem nunc esse habitum tuum cogita qualem Vergilius noster vatis inducit iam concitatae et instigatae multumque habentis in se spiritus non sui:

> bacchatur vates, magnum si pectore possit
> excussisse deum.

Vadis huc illuc ut excutias insidens pondus quod ipsa iactatione incommodius fit, sicut in navi onera inmota minus urgent, inaequaliter convoluta citius eam partem in quam incubuere demergunt. Quidquid facis, contra te facis et motu ipso noces tibi; aegrum enim concutis. (4) At cum istuc exemeris malum, omnis mutatio loci iucunda fiet; in ultimas expellaris terras licebit, in quolibet barbariae angulo conloceris, hospitalis tibi illa qualiscumque sedes erit. Magis quis veneris quam quo interest, et ideo nulli loco addicere debe-

mußt Du ändern, nicht das Klima! Magst Du auch das weite Meer überquert haben, mögen, wie unser Vergil sagt,[2]

»enteilen auch Länder und Städte«,

verfolgen werden Dich überall, wohin Du gelangst, Deine Fehler. (2) Zu jemandem, der sich ebenfalls darüber beklagte, sprach Sokrates: »Was wunderst du dich, daß dir die Auslandsreisen nichts nützen, da du doch dich selbst mit herumschleppst? Es bedrückt dich der gleiche Grund, der dich hinausgetrieben hat.« Was kann Dir der Reiz der neuen Länder helfen, was die Kenntnis von Städten und Gegenden? Zu nichts führt dieses ewige Hin und Her. Du fragst, warum Dir diese Deine Flucht nicht hilft? Du fliehst ja *mit* Dir! Die Last der Seele mußt Du ablegen: nicht eher wird Dir gefallen irgendein Ort. (3) Bedenke, daß Dein Zustand solcherart sei, wie ihn unser Vergil an der Seherin vorführt, da sie schon erregt und aufgepeitscht ist und besessen von einem Geist, der nicht der ihre ist:

»Rasend versucht die Prophetin aus ihrem Busen den
    Gott zu verdrängen ...«[3]   ⌊mächt'gen

Du wanderst her und hin, um die drückende Bürde abzuschütteln, die eben durch dieses Getriebensein immer quälender wird, so, wie in einem Schiff die fest verstaute Fracht weniger Druck ausübt, im bunten Durcheinander aber jene Seite, auf die sie sich verlagert, rascher zum Sinken bringt. Was immer Du unternimmst, unternimmst Du *gegen* Dich und schadest Dir gerade durch die Unrast; einen Kranken nämlich rüttelst Du auf. (4) Wenn Du hingegen dieses Dein Übel ausgemerzt hast, wird jede Ortsveränderung wohltuend sein; magst Du auch ans Ende der Welt verbannt, magst Du in irgendeinem beliebigen Winkel des Barbarenlandes untergebracht werden, jener Wohnsitz – ganz gleich wie beschaffen – wird Dir gastlich sein.[4] Wichtiger ist es, wer du (bist, wenn Du) ankommst, als wohin (Du kommst), und deshalb dürfen wir unser Herz an keinen Ort hängen. Mit folgender Über-

mus animum. Cum hac persuasione vivendum est: 'non sum uni angulo natus, patria mea totus hic mundus est'. (5) Quod si liqueret tibi, non admirareris nil adiuvari te regionum varietatibus in quas subinde priorum taedio migras; prima enim quaeque placuisset si omnem tuam crederes. Nunc ⟨non⟩ peregrinaris sed erras et ageris ac locum ex loco mutas, cum illud quod quaeris, bene vivere, omni loco positum sit. (6) Num quid tam turbidum fieri potest quam forum? ibi quoque licet quiete vivere, si necesse sit. Sed si liceat disponere se, conspectum quoque et viciniam fori procul fugiam; nam ut loca gravia etiam firmissimam valetudinem temptant, ita bonae quoque menti necdum adhuc perfectae et convalescenti sunt aliqua parum salubria. (7) Dissentio ab his qui in fluctus medios eunt et tumultuosam probantes vitam cotidie cum difficultatibus rerum magno animo conluctantur. Sapiens feret ista, non eliget, et malet in pace esse quam in pugna; non multum prodest vitia sua proiecisse, si cum alienis rixandum est. (8) 'Triginta' inquit 'tyranni Socraten circumsteterunt nec potuerunt animum eius infringere.' Quid interest quot domini sint? servitus una est; hanc qui contempsit in quantalibet turba dominantium liber est.

(9) Tempus est desinere, sed si prius portorium solvero. 'Initium est salutis notitia peccati.' Egregie mihi hoc dixisse videtur Epicurus; nam qui peccare se nescit corrigi non vult; deprehendas te oportet antequam emendes. (10) Quidam vitiis gloriantur: tu existimas aliquid de remedio cogitare qui

zeugung muß man leben: »Nicht bin ich für *einen* Winkel geboren, meine Heimat ist diese ganze Welt.«[5] (5) Wenn Dir dies einsichtig wäre, würdest Du Dich nicht wundern, daß Dir die verschiedenen Gegenden, in die Du Dich von Mal zu Mal, der früheren überdrüssig, begibst, keine Linderung verschaffen; denn schon die erstbeste hätte Dir gefallen, wenn Du jede für die Deine hieltest. Jetzt aber bist Du nicht auf Reisen, sondern irrst umher und läßt Dich treiben und ziehst von Ort zu Ort, obwohl das, was Du suchst, nämlich ein glückliches Leben, überall zu finden ist. (6) Kann es irgendwo so turbulent zugehen wie auf dem Forum? Auch dort ist es möglich, ruhig zu leben, wenn es sein muß. Sollte es jedoch möglich sein, über sich selbst zu verfügen, so würde ich mich wohl auch dem Anblick und der Nähe des Forums fernhalten; denn wie ungesunde Gegenden auch eine noch so robuste Gesundheit angreifen, so sind manche (Gegenden) auch einer guten, aber immer noch unvollkommenen und auf dem Weg der Besserung befindlichen Sinnesart wenig zuträglich. (7) Ich pflichte denen nicht bei, die sich mitten in die Fluten stürzen, ein stürmisches Leben bejahen und Tag für Tag draufgängerisch mit Daseinsproblemen ringen. Der Weise[6] wird dies ertragen, sich jedoch nicht aussuchen, und wird lieber im Frieden leben als im Kampf;[7] es hat nicht viel Sinn, seine eigenen Fehler loszuwerden, wenn man sich mit fremden herumschlagen muß. (8) »Dreißig Tyrannen«,[8] heißt es,[9] »umstellten Sokrates, konnten jedoch seinen Mut nicht brechen.« Was macht es schon aus, wie viele Herren es gibt? Knechtschaft ist nur eine; wer sie ignoriert, ist in einer beliebig großen Schar von Herrschenden frei.

(9) Es ist Zeit, Schluß zu machen, doch erst, wenn ich den Zoll bezahlt habe. »Der Anfang der Genesung ist Einsicht in die eigene Unzulänglichkeit«.[10] Ein ausgezeichneter Ausspruch Epikurs scheint mir dies zu sein; denn wer nicht weiß, daß er Fehler macht, will sich auch nicht bessern; Du mußt Dir auf die Schliche kommen, bevor Du Dich läutern kannst. (10) Manche prahlen mit ihren Lastern: Glaubst Du, daß die überhaupt an ein Heilmittel denken, die ihre Mängel zu den

mala sua virtutum loco numerant? Ideo quantum potes te ipse
coargue, inquire in te; accusatoris primum partibus fungere,
deinde iudicis, novissime deprecatoris; aliquando te offende.
Vale.

Epistula XXIX

Seneca Lucilio suo salutem

(1) De Marcellino nostro quaeris et vis scire quid agat. Raro
ad nos venit, non ulla alia ex causa quam quod audire verum
timet, a quo periculo iam abest; nulli enim nisi audituro
dicendum est. Ideo de Diogene nec minus de aliis Cynicis qui
libertate promiscua usi sunt et obvios ⟨quosque⟩ monuerunt
dubitari solet an hoc facere debuerint. Quid enim, si quis
surdos obiurget aut natura morbove mutos? (2) 'Quare'
inquis 'verbis parcam? gratuita sunt. Non possum scire an ei
profuturus sim quem admoneo: illud scio, alicui me profu-
turum, si multos admonuero. Spargenda manus est: non potest fieri ut non aliquando succedat multa temptanti.' (3) Hoc,
mi Lucili, non existimo magno viro faciendum: diluitur eius
auctoritas nec habet apud eos satis ponderis quos posset
minus obsolefacta corrigere. Sagittarius non aliquando ferire
debet, sed aliquando deerrare; non est ars quae ad effectum
casu venit. Sapientia ars est: certum petat, eligat profecturos,

Vorzügen zählen? Darum beschuldige Dich, so sehr Du kannst, ermittle gegen Dich, übernimm zuerst die Rolle des Anklägers, hierauf die des Richters und ganz zuletzt die des Verteidigers; versetz Dir dann und wann einen Stoß! Leb wohl!

29. Brief

Seneca entbietet Lucilius seinen Gruß

(1) Du erkundigst Dich nach unserem Marcellinus[1] und möchtest wissen, wie es ihm geht. Selten kommt er zu uns, und zwar aus keinem anderen Grund, als weil er befürchtet, die Wahrheit zu hören, eine Gefahr, der er schon entronnen ist; man soll die Wahrheit nämlich nur dem, der sie hören will, sagen. Darum zweifelt man gewöhnlich bei Diogenes und ebenso bei anderen Kynikern[2], die von ihrer Freimütigkeit unterschiedslos Gebrauch machten und allen, die ihnen über den Weg liefen, Lehren erteilten, ob sie dies hätten tun dürfen. Was soll es denn, wenn jemand Taube beschimpft, beziehungsweise Stumme von Geburt oder infolge einer Krankheit. (2) »Warum«, wendest Du ein, »soll ich mit Worten geizen? Sie kosten nichts. Ich kann zwar nicht wissen, ob ich dem nützen werde, den ich ermahne: so viel aber weiß ich, daß ich irgendeinem nützen werde, wenn ich viele ermahne. Man muß die Hand wiederholt ausstrecken; ab und zu stellt sich der Erfolg notwendigerweise ein, wenn man viele Versuche wagt.« (3) Das, mein Lucilius, darf, so glaube ich, ein großer Mann nicht tun; sein Ansehen verflüchtigt sich und hat bei denjenigen nicht genug Gewicht, die es, weniger entwertet, bessern könnte. Der Bogenschütze muß nicht nur ab und zu treffen, sondern darf nur ab und zu sein Ziel verfehlen; das ist keine Kunst, die zufällig Erfolg hat. Weisheit ist eine Kunst: sie soll ein bestimmtes Ziel haben, soll zur Vervollkommnung fähige[3] Menschen auswählen, und sich von

ab iis quos desperavit recedat, non tamen cito relinquat et in ipsa desperatione extrema remedia temptet.

(4) Marcellinum nostrum ego nondum despero; etiamnunc servari potest, sed si cito illi manus porrigitur. Est quidem periculum ne porrigentem trahat; magna in illo ingeni vis est, sed iam tendentis in pravum. Nihilominus adibo hoc periculum et audebo illi mala sua ostendere. (5) Faciet quod solet: advocabit illas facetias quae risum evocare lugentibus possunt, et in se primum, deinde in nos iocabitur; omnia quae dicturus sum occupabit. Scrutabitur scholas nostras et obiciet philosophis congiaria, amicas, gulam; (6) ostendet mihi alium in adulterio, alium in popina, alium in aula; ostendet mihi lepidum philosophum Aristonem, qui in gestatione disserebat – hoc enim ad edendas operas tempus exceperat. De cuius secta cum quaereretur, Scaurus ait 'utique Peripateticus non est'. De eodem cum consuleretur Iulius Graecinus, vir egregius, quid sentiret, 'non possum' inquit 'tibi dicere; nescio enim quid de gradu faciat', tamquam de essedario interrogaretur. (7) Hos mihi circulatores qui philosophiam honestius neglexissent quam vendunt in faciem ingeret. Constitui tamen contumelias perpeti: moveat ille mihi risum, ego fortasse illi lacrimas movebo, aut si ridere perseverabit, gaudebo tamquam in malis quod illi genus insaniae hilare contigerit. Sed non est ista hilaritas longa: observa, videbis eosdem intra

29. Brief

hoffnungslosen Fällen zurückziehen; nicht soll sie sie jedoch voreilig im Stich lassen, sondern selbst in einer verzweifelten Lage die allerletzten Heilmittel durchprobieren.
(4) Unseren Marcellinus gebe ich noch nicht auf; immer noch kann er gerettet werden, aber nur, wenn man ihm rasch die Hand reicht. Es besteht freilich die Gefahr, daß er den, der sie ihm reicht, mitreißt; groß ist seine geistige Kraft, die allerdings schon in die falsche Richtung zielt. Nichtsdestoweniger werde ich dieses Risiko eingehen und mich erkühnen, ihm seine Fehler vor Augen zu halten. (5) Er wird das Übliche tun: Zu Hilfe nehmen wird er seine bekannten Witzeleien, die selbst Trauernden ein Lächeln entlocken können, und sich zuerst über seine eigene Person, dann über uns lustig machen; allem, was ich sagen will, wird er zuvorkommen. Durchstöbern wird er unsere Schulen und den Philosophen Geldgeschenke, Freundinnen und Schlemmerei vorwerfen; (6) zeigen wird er mir den einen beim Ehebruch, den andern in der Kneipe, einen andern bei Hofe;[4] zeigen wird er mir den hübschen Philosophen Ariston[5], der während eines Ausgangs in der Sänfte Probleme erörterte – diesen Zeitpunkt nämlich hatte er für die Erledigung seiner Forschungsarbeiten[6] auserschen. Als man sich nach dessen philosophischer Richtung erkundigte, sagte Scaurus[7]: »Ein Peripatetiker ist er jedenfalls nicht.«[8] Und als Iulius Graecinus,[9] ein hervorragender Mann, um seine Meinung über denselben gebeten wurde, antwortete er: »Ich kann es dir nicht sagen, denn ich weiß ja nicht, was er zu Fuß macht«, als ob er nach einem Wagenlenker befragt worden wäre. (7) Solche Scharlatane, die die Philosophie besser ignoriert hätten, als sie öffentlich anzupreisen, wird er mir ins Gesicht schleudern. Ich nahm mir trotzdem vor, die Beleidigungen zu ertragen: mag er mich immerhin zum Lachen reizen, ich werde ihn vielleicht zu Tränen rühren, oder wenn er unausgesetzt weiter lacht, werde ich mich, wie in einem Unglück, darüber freuen, daß er von einer heiteren Form des Wahnsinns befallen sei. Doch diese Heiterkeit dauert nicht lange: Beobachte, und Du wirst sehen, daß dieselben (Narren) innerhalb kürzester Zeit heftigst

exiguum tempus acerrime ridere et acerrime rabere. (8) Propositum est adgredi illum et ostendere quanto pluris fuerit cum multis minoris videretur. Vitia eius etiam si non excidero, inhibebo; non desinent, sed intermittent; fortasse autem et desinent, si intermittendi consuetudinem fecerint. Non est hoc ipsum fastidiendum, quoniam quidem graviter adfectis sanitatis loco est bona remissio.

(9) Dum me illi paro, tu interim, qui potes, qui intellegis unde quo evaseris et ex eo suspicaris quousque sis evasurus, compone mores tuos, attolle animum, adversus formidata consiste; numerare eos noli qui tibi metum faciunt. Nonne videatur stultus, si quis multitudinem eo loco timeat per quem transitus singulis est? aeque ad tuam mortem multis aditus non est, licet illam multi minentur. Sic istuc natura disposuit: spiritum tibi tam unus eripiet quam unus dedit.

(10) Si pudorem haberes, ultimam mihi pensionem remisisses; sed ne ego quidem me sordide geram in finem aeris alieni et tibi quod debeo inpingam. 'Numquam volui populo placere; nam quae ego scio non probat populus, quae probat populus ego nescio.' (11) 'Quis hoc?' inquis, tamquam nescias cui imperem. Epicurus; sed idem hoc omnes tibi ex omni domo conclamabunt, Peripatetici, Academici, Stoici, Cynici. Quis enim placere populo potest cui placet virtus? malis artibus popularis favor quaeritur. Similem te illis facias oportet: non probabunt nisi agnoverint. Multo autem ad rem magis pertinet qualis tibi videaris quam aliis; conciliari nisi turpi

29. Brief

lachen und heftigst toben. (8) Mein Vorsatz ist es, an ihn heranzutreten und ihm klarzumachen, um wieviel wertvoller er war, als er vielen weniger wert schien. Seine Fehler werde ich, wenn schon nicht herausschneiden, so doch eindämmen; sie werden nicht aufhören, sondern nur zeitweise aussetzen; vielleicht aber werden sie auch aufhören, wenn sie die Gewohnheit annehmen, auszusetzen. Auch das soll man nicht verschmähen, da ja doch Schwerkranken ein wohltuendes Nachlassen ihres Leidens als Heilung gilt.

(9) Einstweilen aber, während ich mich auf jenen einstelle, bring Du, der Du es vermagst, der Du erkennst, wie weit Du aus welcher Lage gelangt bist, und daher auch ahnst, wie weit Du noch gelangen wirst, Deinen Charakter in Ordnung,[10] richte Deinen Geist auf, behaupte Dich gegen die Schreckgespenster; zähle nicht diejenigen, die Dir Angst machen. Sollte nicht einer als töricht erscheinen, wenn er die Masse an der Stelle fürchtet, wo es nur einen Durchgang für einzelne gibt? Ebenso haben zu Deinem Tod viele keinen Zugang, mögen ihn Dir auch viele androhen. So hat es die Natur eingerichtet: den Lebensgeist wird Dir ebenso nur einer nehmen, wie ihn Dir nur einer gegeben hat.

(10) Wenn Du Zartgefühl besäßest, hättest Du mir die letzte Zahlung[11] erlassen; doch auch ich werde mich nicht knausrig zeigen gegen Ende meiner Schulden und werde Dir das, was ich Dir schulde, aufnötigen. »Niemals wollte ich beim Volk gut ankommen; denn das, worauf ich mich verstehe, billigt das Volk nicht, und was das Volk billigt, darauf verstehe ich mich nicht.« (11) »Wer sagt das?« fragst Du, als ob Du nicht wüßtest, wen ich bemühe. Es ist Epikur; doch ebendies werden Dir alle aus jeder Philosophenschule entgegenrufen: die Peripatetiker und Akademiker, die Stoiker und Kyniker.[12] Wer kann nämlich dem Volk gefallen, dem die sittliche Vollkommenheit gefällt? Mit verwerflichen Mitteln wirbt man um die Volksgunst. Anpassen mußt Du Dich jenen: nicht werden sie Dich willkommen heißen, wenn sie Dich nicht anerkannt haben. Es ist jedoch viel wichtiger, wie Du vor Dir selbst, als wie Du vor anderen erscheinst; nur auf gemeine

ratione amor turpium non potest. (12) Quid ergo illa laudata et omnibus praeferenda artibus rebusque philosophia praestabit? scilicet ut malis tibi placere quam populo, ut aestimes iudicia, non numeres, ut sine metu deorum hominumque vivas, ut aut vincas mala aut finias. Ceterum, si te videro celebrem secundis vocibus vulgi, si intrante te clamor et plausus, pantomimica ornamenta, obstrepuerint, si tota civitate te feminae puerique laudaverint, quidni ego tui miserear, cum sciam quae via ad istum favorem ferat? Vale.

Weise kann man die Zuneigung gemeiner Leute gewinnen.[13]
(12) Was aber wird nun jene gepriesene Philosophie, die vor allen Fertigkeiten und Sachwerten den Vorrang hat, leisten? Ganz sicherlich, daß Du lieber Dir selbst gefällst als der Volksmenge, daß Du Meinungen wertest, nicht zählst, daß Du ohne Angst vor Göttern und Menschen lebst, daß Du das Ungemach überwindest oder ihm ein Ende setzt.[14] Doch wenn ich Dich gefeiert von wohlwollenden Stimmen des Volkes erblicke, wenn Dir bei Deinem Auftritt Jubelrufe und Applaus – Ehrungen für Ballettänzer – entgegentosen, wenn Dich in der ganzen Stadt Frauen und Kinder verherrlichen, warum sollte ich Dich dann nicht bemitleiden, da ich doch weiß, was für ein Weg zu einer solchen Gunst führt? Leb wohl!

Zur Textgestalt

Der lateinische Text folgt der Oxford-Edition von L. D. Reynolds: L. Annaei Senecae ad Lucilium epistulae morales. 2. Bde. Oxford: Clarendon Press, 1965 (repr. 1966, 1969). Folgende zwei Textvarianten wurden der Ausgabe von F. Préchac – siehe Ausgaben und Übersetzungen, S. 94 – entnommen:

Reynolds	*Reclam*
22,13 † sarcinas adoro †	sarcinas adfero
26,4 ictus ⟨est⟩	sit ictus

Die Formen *delicis* (24,11.14) sowie *transît ... perît* (24,20), ferner *millibus* (27,7) wurden durch die geläufigeren *deliciis, transiit ... periit* und *milibus* ersetzt.

Es sei ausdrücklich vermerkt, daß diese in unsere Ausgabe aufgenommenen Textvarianten nicht Anspruch darauf erheben, als echte Emendationen verderbter Stellen zu gelten; sie wurden aus praktischen Gründen eingefügt, um eine Lesbarkeit und damit eine Übersetzung auch dort anzubieten, wo die philologische Textkritik noch zu keinem befriedigenden Ergebnis gekommen ist.

Anmerkungen

22. Brief

1 Hier wird die Mahnung zum Verzicht auf die Karriere im öffentlichen Leben (vgl. vor allem epist. 8,1–6; 19 sowie 21,1 f.) wiederaufgenommen.

2 Zur Veranschaulichung seiner philosophischen Reflexionen wählt Seneca auffallend oft Vergleiche aus der Heilkunde. Die Gründe für sein medizinisches Interesse sind wohl hauptsächlich in seiner schwachen Gesundheit zu suchen (vgl. M. Rozelaar, *Seneca. Eine Gesamtdarstellung*, Amsterdam 1976, S. 53 ff.). Auch Bilder aus dem Bereich der Athleten- und Gladiatorenkämpfe finden sich nicht selten (s. Fortsetzung dieses Briefes; vgl. ferner epist. 13,2; über angemessene sportliche Betätigung s. epist. 15).

3 Das Leben, das Lucilius gegenwärtig lebt, ist wegen seiner vielen Verpflichtungen nicht mehr lebenswert. (Zur Beurteilung des Freitodes aus der Sicht der Stoa vgl. Nachwort, S. 84.) – *Lucilius Iunior*, Freund des Philosophen Seneca, dem dieser neben den *Epistulae morales* auch die Werke *Naturales quaestiones* und *De providentia* gewidmet hat. In ärmlichen Verhältnissen bei Pompei geboren, stieg er in den Ritterstand auf; im J. 63/64 n. Chr. war er Prokurator von Sizilien. Seine literarische Tätigkeit wird von Seneca wiederholt bezeugt (epist. 8,10; 19,3; 24,19; 79,5).

4 Vgl. epist. 17,1

5 Epicur. frg. 133 Us. – Auch in epist. 21 zitierte Seneca einen Brief Epikurs an Idomeneus. – *Epikuros* (341–270 v. Chr.) war der Begründer einer Philosophie, deren Ziel das Glück maßvollen Lebensgenusses und seelischer Ausgeglichenheit ist.

6 Die *Stoa*: Philosophische Schule, benannt nach der στοὰ ποικίλη (eine mit Gemälden geschmückte Säulenhalle) in Athen, in der ihr Begründer Zenon von Kition (4./3. Jh. v. Chr.) lehrte. Seine Nachfolger in der Schulleitung waren Kleanthes (4./3. Jh. v. Chr.), Chrysippos (3. Jh. v. Chr.), der als der Vollender des stoischen Systems gilt, und andere. Unter den folgenden griechischen Stoikern sind vor allem Panaitios von Rhodos (2. Jh. v. Chr.) und sein Schüler Poseidonios von Apameia (2./1. Jh. v. Chr.) zu nennen, die den altstoischen Dogmatismus durch Berücksichtigung der Lebensrealität etwas modifizierten und die weitere Entwicklung dieser Philosophie nachhaltig beeinflußten. Die Hauptvertreter der Stoa in der römischen Kaiserzeit sind Se-

neca (1 v. Chr. [?] – 65 n. Chr.), Epiktetos (1./2. Jh. n. Chr.) und der Kaiser Marcus Aurelius (121–180 n. Chr., Kaiser seit 161). Das Hauptinteresse der Stoiker gilt der Ethik. (Zu ihrer Lehre s. Anm. 9 und 11; ferner epist. 23, Anm. 1, 3 und 6; epist. 27, Anm. 4; sowie das Nachwort.)

7 Seneca selbst hat sich nach dem Bruch mit Kaiser Nero aus dem öffentlichen Leben zurückgezogen und ausschließlich der philosophischen und literarischen Tätigkeit gewidmet. Darin erblickte er nach seinem Ausscheiden aus der aktiven Politik eine Möglichkeit, der Menschheit zu dienen. (Ausführlicher im Nachwort, S. 75 ff.)

8 Je größer das Gefolge eines vornehmen Römers bei seinem Erscheinen in der Öffentlichkeit und je größer die Zahl der Besucher (*salutatores*), die ihm täglich ihre Morgenaufwartung (*salutatio*) machten, war, um so größer war sein Ansehen.

9 Die Freiheit des Stoikers beruht auf einer freiwilligen Unterwerfung unter das göttliche Weltgesetz (*Logos* – vgl. Nachwort, S. 74); konkreter: er tut aus freien Stücken, was er als absolut richtig erkannt hat.

10 Siehe Anm. 6.

11 Naturgemäß zu leben, ist die wichtigste stoische Maxime (vgl. Nachwort, S. 74). Naturgemäß leben bedeutet aber auch maßvoll, genügsam leben, was Seneca wiederholt betont. Z. B. epist. 2,6; epist. 16,8.

12 Vgl. Sen. epist. 20,2.

13 Vgl. dazu Préchac/Noblot, *Sénèque. Lettres à Lucilius*, Paris 1959, S. 96, Anm. 1: Um der Welt zu entsagen, um gerettet zu werden, muß man die bittere Not eines Schiffbrüchigen auf sich nehmen. Hingewiesen wird auf Seneca, de tr. an. 14,3, wonach Zenon nach dem Verlust seines gesamten Eigentums durch einen Schiffbruch gesagt habe: »Das Schicksal befiehlt mir, weniger behindert zu philosophieren (*expeditius philosophari*).«

14 Seneca beendet die Briefe der ersten drei Bücher mit einprägsamen Sentenzen – er bezeichnet sie gelegentlich als »Geschenke«, »kleine Gaben«, »Zahlungen« u. ä. – die er meist Epikur entnimmt und mit eigenen Betrachtungen erweitert, bzw. erläutert.

15 *sarcinas adfero* ist keine gesicherte Lesart, doch m. E. von allen vorgeschlagenen die beste, wenn auch *sarcinas* = »Gepäck« im Kontext etwas hart ist. G. Maurach zieht (in: Gnomon 40, 1968, S. 794) Axelsons Verbesserung ... *arculas advoco* ...: »(noch immer) nehme ich (fremde) Geld- (Schmuck-)kästchen zu Hilfe« vor, meint aber in *Der Bau von Senecas Epistulae morales*, Heidel-

berg 1970, S. 91, Anm. 55, der Text sei nicht mit Sicherheit zu korrigieren. – Zum Gedanken vgl. epist. 16,7.
16 Zur Todesproblematik s. Nachwort, S. 81 ff.
17 Wiederholt lesen wir bei Seneca abfällige Bemerkungen über Fehlhaltungen alter Menschen; vgl. epist. 4,2. Während die Antike gemeinhin eher zu einer Idealisierung des Greisenalters neigte, zeigt sich Seneca auch hier wie in manchen anderen Fragen als ein unkonventioneller Denker. (Vgl. meinen Aufsatz »Seneca als Kritiker der traditionellen römischen Denkweise«, in: »Hasnerplatz 11«, Graz 1979.) Um jedoch Mißverständnissen vorzubeugen, sei hier auch auf Senecas positive Einschätzung des hohen Alters aus *philosophischer* Sicht, etwa in den Briefen 12 und 26 (mit Anm. 2 und 3), aufmerksam gemacht.
18 Siehe Anm. 11.
19 Ein in den antiken Reflexionen über den Tod häufig wiederkehrender Gedanke. Vgl. Cicero, *Cato Maior de senectute* 69, und Sen., epist. 93,2.

23. Brief

1 *bona mens, bonus (emendatus) animus*: »gute Sinnesart, guter Charakter, richtige Denkweise« u. ä. – Wiederholt ermahnt Seneca seinen Freund, an der Festigung seines Charakters zu arbeiten, um die sittliche Vervollkommnung zu ringen. Vgl. epist. 4,1; 16,1; 17,1; 41,1; dazu Nachwort, S. 74 f. und 80.
2 Nicht nur die Angst, auch die Hoffnung ist der stoischen Gemütsruhe abträglich; vgl. epist. 5,7; 59,14. Dort ist vor allem jene (falsche) Hoffnung gemeint, die sich an landläufigen Wertvorstellungen wie Wohlstand, Karriere etc. orientiert; solche Scheingüter liegen jedoch »in weiter Ferne, sind ungewiß und unstet« (epist. 94,53). Hingegen gibt es für Seneca anscheinend auch eine »positive«, auf den sittlichen Fortschritt gerichtete Hoffnung, die er oft zum Ausdruck bringt; vgl. epist. 2,1; 6,1; 16,2; 19,1. Zum Thema »Hoffnung« in der Antike und im Christentum s. K. M. Woschitz, *Elpis*, Wien 1979 (zu Seneca S. 210–214).
3 Dies ist u. a. ein Merkmal des »Stoischen Weisen« (vgl. Nachwort, S. 75 und Anm. 41,5).
4 Den Tod nicht fürchten, Armut und Schmerz ertragen, Leidenschaften zügeln: die Erfüllung dieser stoischen Forderungen führt zur »Gemütsruhe«.
5 *voluptas ⟨stat⟩*: Préchac verzichtet auf die Konjektur: »jählings artet der Genuß in Leid aus«.

6 Der Ausdruck *rectae actiones* erinnert an das *officium rectum* (κατόρθωμα), die vollkommene »normgerechte Handlung« (P. Grimal, *Seneca*, Darmstadt 1978, S. 251), das Idealziel der stoischen Ethik. Weniger anspruchsvoll ist das *officium medium* (καθῆκον), die relativ wertvolle Handlung.
7 Vgl. epist. 20,2.
8 Das Bild vom Treibholz wird fortgeführt; daß auch hier zunächst Gegenstände gemeint sind, ergibt sich aus dem neutr. Objekt *alia*; im übertragenen Sinn ist freilich an haltlose Menschen zu denken.
9 *Epicuri tui*: Die Annahme, daß Lucilius anfangs Sympathien für die epikureische Philosophie hegte, ist nicht ganz von der Hand zu weisen. Vgl. epist. 20, Anm. 11 in meiner Ausgabe *Seneca. Epistulae morales ad Lucilium. Liber II*, Stuttgart 1982 (Reclams Universal-Bibliothek, Nr. 2133), S. 84.
10 Epicur. frg. 493 Us.
11 Dieser Gedanke wurde bereits in epist. 13,16 f. ausgesprochen und durch konkrete Beispiele illustriert.
12 Vgl. den Schlußsatz des 22. Briefes mit Anm. 19.
13 Geistreiche, überspitzt formulierte Antithese (ein für Seneca charakteristisches Stilmittel) als eindrucksvoller Abschluß des Briefes.

24. Brief

1 Lucilius scheint in einen bedrohlichen Prozeß verwickelt zu sein. (Prozesse aller Art standen in jener Zeit an der Tagesordnung. Besonders häufig waren Anklagen wegen Majestätsbeleidigung des Kaisers; diesbezügliche Anzeigen waren nicht selten aus der Luft gegriffen und böswillig; das Mißtrauen mancher Kaiser, die in jeder kritischen Äußerung der Bürger eine Gefahr für sich vermuteten, förderte das Denunziantentum.) Wie in manchen anderen Briefen an Lucilius nimmt Seneca auch hier eine konkrete Situation zum Ausgangspunkt seiner Ausführungen.
2 *securitas*: Sorglosigkeit im Sinne der stoischen Gelassenheit (s. epist. 23, Anm. 4); Seneca wird nicht müde, in seinen Werken den Weg zu dieser Geisteshaltung zu weisen.
3 Auch in der philosophischen Literatur der Römer nehmen die *exempla* (»Musterbeispiele«) einen wichtigen Platz ein; sie sollen philosophische Reflexionen konkretisieren, verdeutlichen und ein besseres Verständnis des Gesagten ermöglichen; oft dienen sie auch einer rhetorisch wirkungsvollen Darstellung.

Anmerkungen

4 *P. Rutilius Rufus*, Konsul des J. 105 v. Chr., Legat des Caecilius Metellus Numidicus (s. Anm. 5), von Panaitios (s. epist. 22, Anm. 6) in die stoische Philosophie eingeführt, wurde grundlos wegen Erpressung verurteilt und ging, da er die Strafsumme nicht zahlen konnte, freiwillig ins Exil.

5 *Q. Caecilius Metellus Numidicus* wurde im J. 109 v. Chr. mit der Führung des Krieges gegen Jugurtha betraut. Im J. 100 verweigerte er den Eid auf ein vom Volkstribunen Saturninus gefordertes Ackergesetz. Als dieser seine Verbannung beantragte, verließ er Rom freiwillig.

6 *L. Cornelius Sulla* (138–78 v. Chr.), römischer Feldherr und Politiker, Vertreter der römischen Nobilität; Sieger über Marius. Zum Diktator auf unbeschränkte Zeit ernannt, zog er sich nach durchgeführter Verfassungsänderung im J. 79 ins Privatleben zurück.

7 Platon läßt in seinem philosophischen Dialog *Phaidon* Sokrates am Tage vor seiner Hinrichtung ein Gespräch über die Unsterblichkeit der Seele führen und schildert die Gelassenheit, mit der Sokrates in den Tod ging.

8 Darüber berichtet Platon im Dialog *Kriton*.

9 Die unerschrockene Tat des *C. Mucius Scaevola*, die im Folgenden als bekannt vorausgesetzt und daher nur kurz angedeutet wird (ausführliche Darstellung bei Livius II 12) wird in der römischen Literatur wiederholt als Beispiel der römischen *virtus* zitiert.

10 Seneca deutet hier die Tat des Mucius als Strafe, die er für das Mißlingen seines Planes, Porsenna (s. Anm. 12) zu töten, an sich selbst vollzieht.

11 *destillare*: eigtl. »herabtropfen«; das Bild wird im Folgenden weitergeführt: *nudis ossibus fluentem manum*, wörtl.: »die von den nackten Kochen fließende Hand« (das Fleisch löste sich von den Knochen); die drastische Schilderung soll die Empfindungslosigkeit des Mannes besonders hervorheben.

12 *Porsenna*, Etruskerkönig von Clusium (heute Chiusi), der nach altrömischer Tradition im J. 507 v. Chr. Rom belagerte, um die aus Rom vertriebenen Tarquinier zurückzuführen.

13 *M. Porcius Cato Uticensis* (95–46 v. Chr.), der sich als überzeugter Republikaner in Utica nach Caesars Sieg bei Thapsus (Nordafrika) selbst das Leben nahm, wird von Seneca öfters als Vorbild unbeugsamer Charakterfestigkeit zitiert; er gilt ihm als Verkörperung des stoischen »Weisen«.

14 Gemeint ist Platons Dialog *Phaidon* (s. Anm. 7).

15 *Q. Caecilius Metellus Pius Scipio*, Sohn des Praetors P. Cornelius Scipio Nasica, von Q. Caecilius Metellus Pius adoptiert, seit 52 v. Chr. Schwiegervater des Cn. Pompeius, wurde im J. 46 v. Chr. von Caesar bei Thapsus geschlagen.
16 *Cn. Pompeius Magnus* (106–48 v. Chr.), bedeutender römischer Feldherr und Politiker; schloß 60 v. Chr. mit Caesar und Crassus das 1. Triumvirat. Die politischen Gegensätze zwischen ihm und Caesar sowie das Machtstreben der beiden führten im J. 49 zum Bürgerkrieg. Pompeius wurde bei Pharsalos besiegt, floh nach Ägypten, wo ihn die Ratgeber des jungen Königs Ptolemaios XIII. ermorden ließen.
17 Nämlich: durch die Siege des P. Cornelius Scipio Africanus Maior im 2. und des P. Cornelius Scipio Aemilianus Africanus Numantinus im 3. Punischen Krieg.
18 Der Tod kann in gewissen Situationen eine Wohltat sein; in epist. 101,14 sagt Seneca nach Aufzählung einiger Beispiele unerträglicher Qualen: »Leugne es nun, daß es eine große Wohltat der Natur ist, sterben zu müssen.« Wie die vorangegangenen historischen *exempla* zeigen, denkt Seneca hier allerdings an die Möglichkeit des Freitodes. (Ausführlicher dazu s. Nachwort, S. 84.)
19 Vgl. epist. 22,14 mit Anm. 17.
20 Wenn die auf einer ansprechenden Konjektur beruhende Lesart *mors es ... dolor es ... levis es ... brevis es* (statt des überlieferten *est*) zutreffend ist, gilt die Anrede im § 14 den personifizierten *mors* und *dolor*, die bei sachlicher Betrachtung (§ 12: *videre, quid in quaque re sit*) nach Entfernung des unwesentlichen Beiwerks (*Tolle istam pompam, sub qua lates*) viel von ihrem Schrecken verlieren.
21 *levis ... brevis*: Eindrucksvoller Abschluß der Auseinandersetzung mit dem *dolor* durch Antithese und Paronomasie (Gleichklang).
22 D. h., daß wir die Philosophie nur im Munde führen und sie nicht in die Tat umsetzen. Die Philosophie ist für Seneca nur insofern wertvoll, als sie den Menschen zum Umdenken bewegen und somit die Lebenspraxis beeinflussen kann. Vgl. epist. 16,3; 20,2. Zur Frage, wieweit Seneca selbst diesen Grundsatz verwirklicht hat, s. Nachwort, S. 88, Anm. 8.
23 *Pauper fiam ... etc.*: geistreiche rhetorische Antithesen.
24 In den Jahren 41–49 n. Chr. erfuhr Seneca selbst das Los des Verbannten. In seinem Exil auf Korsika verfaßte er eine Trostschrift für seine Mutter Helvia. Darin bringt er (im Abschnitt 6–9) zahlreiche Argumente für seine auf stoischem Kosmopolitismus

Anmerkungen

beruhende Behauptung, die Verbannung sei nichts anderes als eine Ortsveränderung und daher kein Übel: Die Heimat des Stoikers ist die ganze Welt (s. epist. 28,4 und Nachwort, S. 79).

25 Seneca schließt sich hier der Platonischen Überzeugung an, wonach der Tod die Befreiung der Seele von den Fesseln des Körpers sei (*Phaidon* 67 D). Vgl. Cicero, *Somnium Scipionis* (De re publ. VI) 14; Platon, *Gorgias*, 493 A.

26 Demnach ist für den Stoiker Seneca der Tod die Verwirklichung menschlicher Freiheit in letzter Konsequenz. Vgl. epist. 26,10 sowie das Nachwort, S. 84.

27 Es war u. a. ein Anliegen der Philosophie Epikurs (vgl. epist. 22, Anm. 5), die Menschen von der Angst vor dem Tod, den strafenden Göttern und den Hadesqualen zu befreien.

28 Von den in der antiken Literatur oft zitierten exemplarischen Büßern der Unterwelt (des Tartaros) werden hier genannt: *Ixion*, König der Lapithen in Thessalien, der sich an Hera vergreifen wollte, aber von Zeus durch das Trugbild einer Wolke getäuscht wurde. An ein feuriges Rad, das sich immerfort dreht, gebunden, muß er im Tartaros seinen Frevel büßen. – *Sisyphos*, Erbauer und König von Korinth, wälzt in der Unterwelt zur Strafe für seine Verschlagenheit einen Felsblock bergauf, der aber jedesmal wieder herunterrollt.

29 Anspielung auf die Bestrafung des Riesen Tityos für die versuchte Vergewaltigung der Göttin Leto: Zwei Geier zerhacken in der Unterwelt seine immer wieder nachwachsende Leber.

30 Ausdruck einer »aufgeklärten« Einstellung der gebildeten antiken Menschen gegenüber Mythen. Ähnlich bei Cicero, Tusc. 1,10.

31 Vgl. Platon, Apol. 40 C ff. und Nachwort, S. 82.

32 Vgl. Anm. 25.

33 Vgl. epist. 22, Anm. 3.

34 Vgl. in diesem Brief § 15 (dazu Anm. 22).

35 Ein bei Seneca häufig wiederkehrender Gedanke; s. Nachwort, S. 83.

36 Lucil. Iun. frg. 3 p. 363 Baehrens.

37 Nämlich: die Todesproblematik.

38 Epicur. frg. 496 und 498 Us.

39 Epicur. frg. 497 Us. – In der Frage des Todes und der Todesangst »gehen Stoa und Epikureismus Hand in Hand« (A. D. Leeman, »Das Todeserlebnis im Denken Senecas«, in: *Gymnasium* 78, 1971, S. 325).

40 Seneca warnt vor den beiden gegensätzlichen Gemütsverfassungen *metus mortis* und *libido moriendi*; vor dem Tod fliehen (*mor-*

tem fugere) sei ebenso verfehlt wie in den Tod fliehen (*confugere ad mortem*), sagt er in epist. 98,16. Damit schließt er sich hier einem in der Antike weitverbreiteten ethischen Grundsatz an, wonach die sittlich einwandfreie Haltung in der Mitte zwischen zwei Extremen liege. Dies besagte schon die alte Mahnung des delphischen Apollon μηδὲν ἄγαν (»nichts zuviel!« d. h. »keine Übertreibung!«). Die Forderung nach dem richtigen Mittelmaß (μεσότης) ist ferner ein wichtiges Prinzip der Aristotelischen Ethik und bildet auch die Quintessenz der Lebensweisheit etwa eines Horaz (65–8 v. Chr.), der viel zu ihrer Popularisierung beigetragen hat (*aurea mediocritas!* – s. carm. II 10,5).

41 Zur Verdeutlichung dieses Gedankens vgl. epist. 77,6 und de tr. an. 2,6 ff. – Seltsamerweise gibt Seneca in epist. 24 der Philosophie die Schuld an der von ihm mißbilligten Haltung (*ipsa inpellente philosophia*), womit er ganz allgemein eine sich im nutzlosen Grübeln verlierende Philosophie, die den Menschen in die Resignation treibt, im Auge haben mag. – Nimmt man jedoch in epist. 24 die Worte *inpellente philosophia* ganz ernst, so wäre es m. E. nicht ganz abwegig anzunehmen, daß die Frage *quousque eadem?* auch durch die Projektion einer Vorstellung der stoischen Kosmologie beeinflußt wurde: Wie der Kosmos nach dem Weltenbrand in seiner früheren Gestalt immer wieder neu entsteht (s. Nachwort, S. 89, Anm. 27), so gibt es auch im menschlichen Leben nur eine ständige, auf die Dauer zermürbende Wiederkehr gleichartiger Situationen. In dieser Annahme wird man durch eine vergleichbare Stelle (epist. 36,11) bestärkt, wo durch den Kontext der philosophisch-kosmische Bezug einer ähnlichen Äußerung Senecas klar zutage tritt. Vgl. auch Mark Aurel (6,46): »so ergeht es einem im Leben überhaupt: alles bleibt im (ständigen) Auf und Ab dasselbe und kommt aus demselben Ursprung. Wie lange wohl noch?«

42 Der eindrucksvoll formulierte und sehr modern anmutende Gedanke von dem einer tödlichen Langeweile entspringenden Lebensüberdruß findet eine verblüffende Parallele in J.-P. Sartres *La Nausée*: »Solange man lebt, passiert nichts. Die Szenerie wechselt, Leute kommen und gehen, das ist alles. Nie gibt es einen Beginn. Tag schließt sich an Tag, ohne Sinn und Verstand, eine unaufhörliche und langweilige Addition.« (Zit. nach der Übers. von H. Wallfisch, *Der Ekel*, Reinbek bei Hamburg: Rowohlt, 1971, S. 46) – Manche Themen und Fragestellungen der stoischen Philosphie, von denen Seneca fasziniert ist (wofür auch dieser Brief ein deutliches Zeugnis abgibt), wie Angst, Schmerz, Tod,

Anmerkungen

Freiheit des Menschen, Lebensüberdruß, erinnern an Probleme der Existenzphilosophie. Die Ähnlichkeit beschränkt sich freilich auf die Ansätze philosphischer Reflexionen, während die beiderseits empfohlenen Möglichkeiten einer Bewältigung der Lebensprobleme gewaltig auseinandergehen – von einigen wenigen zufälligen Berührungspunkten abgesehen, wie etwa im Gedanken von der im Tod verwirklichten absoluten Freiheit oder in der Verhaltensmaßregel, man solle dem Geschick »trotzig ins Auge sehen« (Sen. epist. 16,5).

25. Brief

1 Vgl. epist. 11.
2 *veteranus:* eigtl. altgedienter Soldat, »alter Kämpfer« (damit ist wohl wieder der Vierzigjährige gemeint).
3 Scheinbar unvermittelt wendet sich nun Seneca an seinen Freund. Maurach, S. 101, Anm. 93, spricht von einem »harten Übergang«. Es handelt sich jedoch eher um einen assoziativen Übergang von der Erwähnung zweier konkreter Beispiele hartnäckig fehlerhaften Verhaltens zur Empfehlung der richtigen Handlungsweise an den dafür aufgeschlossenen Freund. Vgl. epist. 29, Anm. 10.
4 Sinn: Befreie Dich auf Deinem Lebensweg von jeder überflüssigen Last!
5 Vgl. epist. 22, Anm. 11.
6 Epicur. frg. 602 Us. – Auf den fiktiven Einwand in epist. 119,7: »Zu wenig besitzt, wer bloß keine Kälte, keinen Hunger und keinen Durst leidet«, erwidert Seneca: »Mehr besitzt auch Jupiter nicht. Nie ist zu wenig, was genügt, und nie ist viel, was nicht genügt.«
7 Epicur. frg. 211 Us. – Zur Sache vgl. epist. 11,8 ff. und 104,21 f.
8 *Cato:* s. epist. 24, Anm. 13.
Scipio: Gemeint ist wohl *P. Cornelius Scipio Africanus Aemilianus Numantinus* (185–129 v. Chr.), Sohn des L. Aemilius Paullus, vom Sohn des älteren Scipio adoptiert. Im J. 146 v. Chr. eroberte er Karthago, im J. 133 Numantia in Spanien. Nach ihm benannt wird ein Kreis gebildeter Männer, die sich für die Verbreitung der griechischen Kultur in Rom und für die Förderung der höheren Allgemeinbildung einsetzten. Zu ihnen gehörten u. a. der Historiker Polybios, der Stoiker Panaitios sowie *C. Laelius.* Dieser war ein bedeutender römischer Politiker und Redner des 2. Jh.s v. Chr. Als Freund des oben genannten Scipio unterstützte er

dessen Bildungspolitik. Cicero benannte nach ihm seinen philosophischen Dialog über die Freundschaft: *De amicitia*.
9 Epicur. frg. 209 Us.
10 Vgl. epist. 7,8: »Werde nicht ähnlich den Bösen, weil sie viele sind, und nicht feindlich den vielen, weil sie anders sind! Ziehe Dich in Dich selbst zurück, so gut Du es vermagst!« Maurach, S 101, erläutert unsere Stelle: »Man soll so lange sich um eine von der Menge verschiedene Lebensweise bemühen, bis man ohne Schwierigkeit, wenn man einmal unter Menschen ist, sich in sich selbst zurückziehen kann, um die Extreme, vor denen ep. 7,8 warnte, zu vermeiden.«
11 Vgl. epist. 10,1.

26. Brief

1 Anspielung auf den 12. Brief: »Wohin ich mich auch wende, überall sehe ich Anzeichen meines hohen Alters (§ 1 ff.).
2 Seit jeher war es ein Anliegen antiker Philosophie, das Greisenalter gegen den Vorwurf, es bringe nur Beschwerden, zu verteidigen und seine positiven Seiten hervorzuheben. Zu diesen zählte man vor allem die Befreiung von sinnlichen Trieben und Hinwendung zu einem vergeistigten Leben. Längere Ausführungen zu diesem Thema finden sich z. B. am Beginn von Platons *Politeia* 328 C ff., wo der alte Kephalos u. a. sagt (D): »Je mehr mir die körperlichen Freuden erlöschen, um so mehr nehmen Lust und Freude an Gesprächen zu.« Cicero widmete den Problemen des Greisenalters die Schrift *Cato Maior de senectute*; dort wird das Nachlassen der Sinnenlust als »ein wunderbares Geschenk« des Alters (§ 39) bezeichnet und auf die Möglichkeiten geistiger Betätigung sowie auf andere Vorteile dieses Lebensabschnittes hingewiesen. Freilich führten derartige Gedankengänge auch zur einseitigen Idealisierung des hohen Alters.
3 Es besteht kein Widerspruch zwischen Senecas Tadel an der Haltung mancher Greise (s. epist. 22,14 mit Anm. 17) und der hier gewürdigten Abgeklärtheit des hohen Alters. Denn diese erscheint nicht als ein selbstverständlicher Gewinn des Alterns als solchen, sondern vielmehr als das Ergebnis einer konsequenten Persönlichkeits- und Charakterbildung. Daß viele alte Menschen diese Weisheit nicht erlangen, lesen wir schon bei Platon (*Politeia* 329 A ff.): sie klagen über ihre Beschwerden, an denen jedoch nicht ihre Bejahrtheit, sondern ihr Charakter schuld sei. Diese Argumentation übernahm von Platon auch Cicero (Cato 7).

Anmerkungen

4 Zu *proficere* s. Nachwort, S. 75. – Erst angesichts des Todes wird es sich herausstellen, wie viel die philosophischen Lehren wirklich zur Formung eines untadeligen Charakters beigetragen haben.
5 Vgl. epist. 16,5.
6 Über den Wert der wissenschaftlichen Studien (bzw. der höheren Allgemeinbildung) handelt am ausführlichsten Senecas 88. Brief. Gelehrte Bildung als Selbstzweck lehnt er als Stoiker ab. Sie hat für ihn grundsätzlich nur insofern eine Bedeutung, als sie auch der Ethik dienen kann. Daraus den Schluß zu ziehen, daß Seneca an der Wissenschaft nichts gelegen habe, wäre jedoch falsch. Man denke z. B. nur an sein großes Interesse für Naturerscheinungen und deren Erklärung, das er im Werk *Naturales quaestiones* bekundet (wiewohl auch diese Untersuchungen letztlich das göttliche Walten im Kosmos erweisen sollen und die ethische Relevanz naturphilosophischer Themen erkennen lassen). Vgl. auch Seneca, Helv. 6,7 f., 8,6 und 20,1 f. – Zur stoischen Wertlehre s. epist. 27, Anm. 4.
7 Vgl. epist. 93,2.4.
8 Gemeint ist wohl die stoische Schule, aus deren Gedankengut der Autor bald ausschließlich (unter Verzicht auf Anleihen von anderen Denkern) schöpfen will.
9 Epicur. frg. 205 Us. – *meditari* bedeutet: »(über etwas) nachsinnen« und »sich (auf etwas) vorbereiten, einüben«.
10 Hinweis auf den Freitod (s. Nachwort, S. 84).

27. Brief

1 Der Sinn ist ironisch.
2 Mahnende Worte, die Seneca in diesem und ähnlichen Selbstgesprächen an sich richtet, gelten natürlich auch seinem Leserkreis. Das pädagogische Anliegen seiner *epistulae* (sowie auch anderer philosophischer Schriften) ist unverkennbar: sie sollen ein Wegweiser zur sittlichen Vervollkommnung sein; der Philosoph ist auch ein Erzieher der Menschheit (*humani generis paedagogus*, epist. 89,13).
3 Vgl. epist. 61,1.
4 Zur Verdeutlichung der stoischen Wertlehre mag ein kurzer Hinweis genügen: Als absoluter Wert, als einziges echtes Gut (ἀγαθόν, καλόν, *bonum, honestum*) gilt dem Stoiker die sittliche Vollkommenheit, die Tugend (ἀρετή, *virtus*), die allein auch das Glück gewährleistet (ergänzend vgl. epist. 23, Anm. 1), während das einzige wirkliche Übel (κακόν, *malum*) die moralische

Schlechtigkeit, das Laster (αἰσχρόν, *vitium, turpe*) ist. Das, was man gemeinhin als ein Gut, bzw. ein Übel ansieht, etwa Gesundheit, Reichtum, bzw. Krankheit, Armut, gilt als wertneutral (ἀδιάφορον, *indifferens*). Allerdings kommen die Stoiker den Erfordernissen des Alltags insofern entgegen, als sie bei wertneutralen Dingen immerhin zwischen relativen Werten (προηγμένα, *producta, commoda*), wie Gesundheit, Reichtum, und den relativen Unwerten (ἀποπροηγμένα, *reducta, incommoda*), wie Krankheit, Armut, unterscheiden; erstere wird man vernünftigerweise letzteren vorziehen.

5 *Calvisius Sabinus* gehört zu jenem Typus des schwerreichen Emporkömmlings mit geringen geistigen Qualitäten, wie ihn *Petronius Arbiter* (1. Jh. n. Chr.), der Verfasser des Romans *Satyricon* in der Person des *Trimalchio* mit beißender Ironie charakterisiert hat.

6 Wörtl. »Namennenner«: Sklave, der seinem Herren die Namen der Besucher, bzw. der ihm Begegnenden anzugeben hatte.

7 *tribus*: Landbezirk des römischen Bürgergebietes und Abteilung der römischen Bürgerschaft. Ihre Zahl wurde von ursprünglich drei später mehrfach bis zum endgültigen Stand von 35 erhöht. Die Einteilung in *tribus* bildete die Grundlage für die Ausübung gewisser bürgerlicher Rechte und Pflichten. (Gelegentlich, doch selten bedeutet *tribus* auch »einfaches Volk«.) – Bei der vorgeschlagenen Übersetzung gehe ich von der Vermutung aus, daß der Nomenklator bei der Nennung der Besucher, bzw. der Begegnenden, auch ihre Zugehörigkeit zu den einzelnen Tribus anzugeben hatte, wobei ihm Irrtümer und Verwechslungen unterlaufen konnten.

8 *Hesiodos von Askra* (Böotien), epischer Dichter der Griechen um 700 v. Chr. Verfasser einer epischen Schilderung der Götter- bzw. Weltentstehung: Θεογονία und des Lehrgedichtes Ἔργα καὶ ἡμέραι (»Werke und Tage«), worin er u. a. den Wert der Arbeit zeigt und den Menschen Anweisungen für ihre Aufgaben im Ablauf der Zeit gibt.

9 Die alexandrinischen Grammatiker stellten einen Kanon von neun griechischen Lyrikern zusammen: Alkman (2. Hälfte des 7. Jh.s v. Chr.), Alkaios und Sappho (um 600 v. Chr.), Anakreon (6. Jh. v. Chr.), Stesichoros (um 600 v. Chr.), Ibykos und Simonides (6. Jh. v. Chr.), Pindaros (um 500 v. Chr.) und Bakchylides (5. Jh. v. Chr.).

10 *excidebat*: Unsere Übersetzung versucht das Original sinngemäß und möglichst wortgetreu wiederzugeben (Calvisius ist Subjekt

Anmerkungen

zu *excidebat*); gleichzeitig liegt aber in diesem Verbum auch die Bedeutung »dem Gedächtnis entfallen«, so daß hier an Verse oder Versteile zu denken ist, die Calvisius während des Rezitierens entfielen. Auf dieser Vorstellung beruht der folgende Witz.

11 *analecta* (griech. Fremdwort) ist ein Sklave, der beim Gelage den Boden von Speiseresten zu säubern hatte. Der Sinn der Stelle ist natürlich ironisch: Die *grammatici* sollen die entfallenen »Versbrocken« vom Boden auflesen.

12 Sinn: Die darin aufbewahrten Bücher hätten das gleiche Wissen geboten wie gelehrte Sklaven, wären aber immerhin billiger gewesen.

13 Epicur. frg. 477 Us. Dasselbe Epikur-Zitat findet sich schon in epist. 4,10. – Epikurs Auffassung, ein bescheidenes, genügsames Leben sei naturgemäß, deckt sich auch mit der stoischen Lehre (s. epist. 22, Anm. 11).

28. Brief

1 Eine Andeutung dieses Problems brachte schon epist. 2,1. Vgl. ferner epist. 55,8; 69,1 f. und 104,7 f., 13–20 sowie de tr. an. 2,13 ff.

2 Verg. Aen. 3,72

3 Es handelt sich um die Seherin Sibylle von Cumae, die dem Trojaner Aeneas die Zukunft weissagen soll. In den zitierten Versen (Verg. Aen. 6,78 f.) wehrt sie sich noch gegen die ihr von Apollo aufgezwungene Inspiration.

4 Hier denkt Seneca an seine eigene Verbannung. Vgl. epist. 24, Anm. 24.

5 Vgl. M. Aurelius, 6,44: »Als Antoninus ist meine Stadt und Heimat Rom, als Mensch aber die Welt.« Zum stoischen Kosmopolitismus vgl. Nachwort, S. 79.

6 Siehe epist. 23, Anm. 1 und 3.

7 Über die stoische Auffassung von relativen Werten s. epist. 27, Anm. 4.

8 Bezeichnung für eine oligarchische Gruppe, die in Athen im J. 404 v. Chr. von der Volksversammlung mit der Ausarbeitung einer neuen Verfassung beauftragt wurde, jedoch sogleich die Staatsführung an sich riß und bis zu ihrer Absetzung etwa ein Jahr lang in Athen eine Schreckensherrschaft ausübte. Nach Platon, Apol. 32 C–D widersetzte sich Sokrates dem Befehl der »Dreißig«, an der Verhaftung eines gewissen Leon von Salamis mitzuwirken.

Anmerkungen

9 Einige Editionen (Préchac, Boella) ziehen die Lesart *inquis* (»sagst Du«) vor.
10 Epicur. frg. 522 Us.

29. Brief

1 Der hier genannte *Marcellinus* ist wohl kaum identisch mit Tullius Marcellinus, von dessen Tod in epist. 77,5 ff. die Rede ist.
2 Als Begründer der kynischen Philosophie galt *Antisthenes von Athen* (5./4. Jh. v. Chr.), ein Schüler des Sokrates, ihr bekanntester Vertreter war *Diogenes von Sinope* (4. Jh. v. Chr.). Die Kyniker lehrten äußerste Bedürfnislosigkeit, lehnten die Konventionen der Gesellschaft ab und provozierten die Öffentlichkeit durch Verstöße gegen die herkömmliche Moral. Ihr Name wurde vom griech. κύων (»Hund«) abgeleitet (man warf ihnen ein schamloses »Hundeleben« vor). Die Kyniker reisten von Stadt zu Stadt und hielten populäre Vorträge über praktische Lebensweisheit. In der Kaiserzeit traten kynische Bettlerphilosophen auf, die durch ärmliche Kleidung und ungepflegtes Äußeres ihre Bedürfnislosigkeit zur Schau stellten (vgl. epist. 5,1 f.). Unter ihnen befanden sich auch moralisch minderwertige Individuen, die dem Ansehen der Philosophie schadeten.
3 Zu *proficere* s. Nachwort, S. 75.
4 Z. B. als Schmeichler des Kaisers.
5 Unbekannter Philosoph; gelegentlich (s. *Der Kleine Pauly*, Bd. 1, Sp. 571 f.) wird vermutet, es handle sich um den Peripatetiker Ariston von Chios, Lebenszeit unbekannt, (nicht zu verwechseln mit dem Stoiker Ariston von Chios, den Seneca wiederholt erwähnt hat), der vom Geographen Strabon im Zusammenhang mit einer Erklärung der Nilschwelle erwähnt wurde.
6 Der lateinische Wortlaut der Stelle ist m. E. nicht eindeutig; mit *disserere* könnte nämlich auch »Vorträge halten« um mit *operas edere* »(wissenschaftliche) Arbeiten (öffentlich) bekanntmachen« gemeint sein. Für diese Auffassung spricht vielleicht weiter unten (§ 7) der Ausdruck *philosophiam vendere*: »die Philosophie verkaufen (öffentlich anpreisen)«.
7 Vermutlich *Mamercus Scaurus*, bedeutender Redner, der sich im J. 34 n. Chr. das Leben genommen hat, um einer Verurteilung wegen Hochverrats zu entgehen.
8 Da die Peripatetiker (Schüler des Aristoteles) ihre philosophischen Diskussionen im Auf- und Abgehen (περιπατεῖν: »umher-

Anmerkungen

gehen«, περίπατος: »Wandelgang«) führten, handelt es sich hier um einen Witz: Ariston kann kein Peripatetiker sein, da er während seiner philosophischen Tätigkeit in einer *Sänfte getragen wird*.

9 *Iulius Graecinus*, Vater des Iulius Agricola (dessen Biographie sein Schwiegersohn Tacitus verfaßte), römischer Senator, erregte den Haß des Kaisers Caligula (37–41 n. Chr.), der ihn im J. 39 hinrichten ließ. Verfasser eines Buches über den Weinbau.

10 Der Übergang von Marcellinus auf Lucilius scheint mir keineswegs so »ungemein hart« zu ein, wie Maurach (S. 109 f. mit Anm. 124) meint: Der negativen Einstellung des Marcellinus wird die positive, auf sittlichen Fortschritt bedachte des Lucilius gegenübergestellt.

11 Die folgenden Briefe bringen in ihrem Schlußteil keine Zitate anderer Denker (vgl. epist. 22, Anm. 14) mehr: ein offensichtlicher Einschnitt in der Briefsammlung (s. Nachwort, S. 86).

12 *Peripatetiker*: s. Anm. 8. – *Akademiker*: Schüler Platons, der in Athen im heiligen Bezirk des Lokalgottes *Akademos* (auch: *Hekademos*) seine philosophische Schule *Akademeia* (Akademie) gründete. – *Stoiker*: s. epist. 22, Anm. 6. – *Kyniker*: s. Anm. 2.

13 Vgl. epist. 25,6 f. mit Anm. 9 und 10.

14 Anspielung auf den Freitod.

Nachwort

Philosophia studium virtutis est.
(Seneca, epist. 89,8)

»Philosophie ist das Streben nach Tugend.« Aus Senecas lateinischer Wiedergabe des griechischen Wortes φιλοσοφία, das Cicero mit *studium sapientiae* (»Streben nach Weisheit«)[1] übersetzt hat, lassen sich zwei grundlegende Thesen der Stoa[2] ableiten, und zwar:
1. Das Ziel stoischen Philosophierens ist die sittliche Vollkommenheit (ἀρετή, *virtus*, Tugend).
2. Die sittliche Vollkommenheit ist mit Weisheit (σοφία, *sapientia*) gleichzusetzen.

Was aber ist nun nach Senecas in der stoischen Philosophie verankerten Auffassung der Inbegriff dieser Weisheit, die in der Tugend ihren Ausdruck findet und deren Besitz – wie die Stoa lehrte – auch das einzig wahre Glück sichert? Die Antwort des Stoikers lautet: Vernunftgemäß zu leben. Da aber die menschliche Vernunft nach stoischer Lehre ein Funke des göttlichen Logos ist, der die Natur (φύσις im Sinn von »Weltall, Kosmos«) hervorgebracht hat und sie als alles bewegender feuriger Hauch (πνεῦμα, *spiritus*) durchdringt, so daß diese geradezu als göttlich angesehen wird, bedeutet vernunftgemäß nichts anderes als naturgemäß leben (ὁμολογουμένως τῇ φύσει ζῆν, *secundum naturam vivere*). Die stoische Tugend beruht auf der vollkommenen Vernunft (ὀρθὸς λόγος, *ratio perfecta*), die die Einsicht in die Weltzusammenhänge ermöglicht und sich dem göttlichen Weltgesetz freiwillig unterwirft; sie ist autark, d. h. sie genügt sich selbst, so daß derjenige, der die sittliche Vollkommenheit erlangt hat, der sich in Harmonie mit dem göttlichen Universum weiß, für sein Glück keiner sonstigen Güter bedarf.[3] Dieses Sich-selbst-Genügen, die stoische Autarkie, ermöglicht die Befreiung von allen Affekten (ἀπάθεια, *impatientia*[4], Leidenschaftslosigkeit) und sichert dem Menschen jene Heiterkeit des Gemüts und Seelenruhe (εὐθυμία, ἀταρα-

Nachwort

ξία, *tranquillitas animi*), welche für diese Philosophie so charakteristisch ist (»stoische Ruhe«).

Alle philosophisch Engagierten, die das Ziel ihrer Bemühungen in der sittlichen Vollkommenheit erblicken, bezeichnet der Stoiker als (auf dem Weg zur Tugend) »Fortschreitende« (προκόπτοντες, *proficientes*). Dieses Ziel zu erreichen gelingt allerdings nur ganz wenigen, den sogenannten »stoischen Weisen«. Zu dieser Weisheit, die sich in der Unabhängigkeit von äußeren Lebensbedingungen, in unerschütterlicher Gelassenheit und Sorglosigkeit manifestiert, echte Freude bringt und den Menschen, der sie besitzt, geradezu den Göttern ebenbürtig macht,[5] bei alledem aber immer eine praktische Lebensweisheit sein will,[6] möchte Seneca mit seinen philosophischen Werken, unter denen die *Briefe an Lucilius* »das reifste Erzeugnis des Schriftstellers«[7] sind, seine Leser führen.[8]

In der folgenden kurzen Betrachtung wollen wir aus den Briefen des vorliegenden dritten Buches einige markante Gedanken herausgreifen und versuchen, sie durch ergänzende Hinweise in den größeren Rahmen der stoischen Lehre, insbesondere in ihrer Ausprägung bei Seneca, zu stellen.

Im 22. Brief erörtert Seneca eine schon früher mehrfach angeschnittene Frage,[9] die für den praktisch denkenden, an politischer Karriere interessierten Römer nicht ohne Bedeutung war, nämlich die nach dem Wert der Aktivität im öffentlichen Leben. Gerade Seneca, der nicht nur als Philosoph tätig war, sondern bis zum Bruch mit Kaiser Nero im Jahre 62 n. Chr. das politische Geschehen in Rom maßgeblich beeinflußt hatte, konnte sich als kompetent betrachten, zu diesem Problem Stellung zu nehmen. Er tat es auch wiederholt, und zwar in voller Übereinstimmung mit der stoischen Lehrmeinung, doch auch mit realistischer Einschätzung der Möglichkeiten, die zu seiner Zeit für eine Öffentlichkeitstätigkeit gegeben waren. Während seines politischen Wirkens versuchte Seneca – so gut es eben ging – die ethischen Grundsätze der stoischen Philosophie auch im Staatsleben zu verwirk-

lichen. Doch so sehr er auch bereit war, Konzessionen an die Lebensrealität zu machen und nur das in der jeweiligen Situation Mögliche zu erreichen,[10] scheiterte er an diesem Vorhaben. Die brutale Wirklichkeit erwies sich als stärker denn die philosophisch fundierte und ethisch orientierte staatsmännische Weisheit. Daß diese Erfahrung auf seine Bewertung der politischen Karriere, deren Erfolge er mit begreiflichem Sarkasmus als *mala magnifica* bezeichnet (epist. 22,12), nicht ohne Einfluß geblieben ist, läßt sich denken; sie bewirkte auch letzten Endes seinen Rückzug aus dem öffentlichen Leben, führte jedoch nicht zur grundsätzlichen Resignation: Die einschlägigen Ratschläge, die Seneca seinem Freund gibt, sind somit zwar im Zusammenhang mit den damaligen keineswegs rosigen Zuständen im römischen Imperium zu sehen, stehen aber, wie die folgende Überlegung zeigen wird, durchaus auf dem Boden stoischer Lehre.

Nachdem Seneca am Anfang des dial. 8 (*De otio*) 1,1–3, im Interesse der sittlichen Vervollkommnung den Rückzug aus der Öffentlichkeit ins Privatleben, in die Muße, empfohlen hat, macht ihm Serenus, dem diese Schrift gewidmet ist, Vorhaltungen (»Was tust du, Seneca? Du gibst deine Schulrichtung preis! Wenigstens eure Stoiker sagen: ›Bis zum äußersten Lebensende werden wir in Aktion bleiben, werden nicht aufhören, uns um das Gemeinwohl zu mühen, dem einzelnen zu helfen, Hilfe auch den Feinden zu bringen.‹«) und bemängelt, daß er epikureische Weisungen mit stoischen Grundsätzen vermenge (1,4). Um zu zeigen, daß er eben *nicht* von der stoischen Lehre abweicht, zitiert Seneca zunächst Epikur: »Nicht wird an die Politik herantreten der Weise, es sei denn, daß etwas (Besonderes) dazwischenkommt«, und beruft sich anschließend auf Zenon, den Gründer der Stoa: »Er (Der Weise) wird an die Politik herantreten, es sei denn, ein Hindernis stellt sich ihm in den Weg« (3,2). Damit ist der Unterschied zwischen den beiden Positionen hinreichend präzisiert: Der Weise wird sich nur ausnahmsweise der Politik widmen (epikureisch). – Der Weise wird sich nur ausnahmsweise der Politik *nicht* widmen (stoisch). Wenn Seneca also

seinem Freund rät, sich aus der Tätigkeit im öffentlichen Leben herauszuhalten, so zunächst deshalb, weil in der gegenwärtigen Situation ein Politiker mit den ethischen Grundsätzen der Stoa kaum Aussicht auf einen Erfolg hätte.

Es gibt jedoch für den Stoiker auch andere legitime Gründe, das Leben etwa eines Privatgelehrten dem Wirken in der Öffentlichkeit vorzuziehen. So vermag er nämlich z. B. in literarischen Werken durch Aufzeigen von Fehlhandlungen der Gesellschaft, durch Appelle an ihr sittliches Bewußtsein eine stärkere und bleibendere Wirkung zu erzielen als durch irgendeine Öffentlichkeitsarbeit. Auf die geradezu entrüstete Frage des Lucilius: »Du forderst mich auf, die Menschenmenge zu meiden, mich zurückzuziehen und mit meinem Gewissen zufrieden zu sein? Wo bleiben eure berühmten Lehren, die verlangen, mitten im Handeln zu sterben?« (epist. 8,1) antwortet Seneca: »Wie? Ich scheine Dir Untätigkeit zu empfehlen? Dazu habe ich mich verborgen [...], um möglichst vielen nützen zu können. [...] Ich arbeite im Interesse der Nachwelt. Für sie zeichne ich manches auf, was ihr zugute kommen kann [...]. Den rechten Weg, den ich spät und müde von Verirrungen erkannt habe, weise ich anderen.«. (8,1-3).[11]

Schließlich ist das Verlangen des Stoikers nach Muße vor allem dann gerechtfertigt, wenn er sich zum Ziel gesetzt hat, dem Wirken des göttlichen Logos im Universum durch Erörterung naturphilosophischer Probleme nachzuspüren, und anderseits durch ethische Untersuchungen das Wesen der Tugend zu bestimmen, um im Streben nach sittlicher Vollkommenheit jenem göttlichen Prinzip, das er als Keim (λόγος σπερματικός) in sich trägt, möglichst ebenbürtig zu werden.[12] Im bereits zitierten dial. 8 drückt Seneca diese vornehmsten Aufgaben des Stoikers folgendermaßen aus: »Zwei Staatsgebilde wollen wir uns im Geist vergegenwärtigen: das eine groß und wirklich allgemein, das Götter und Menschen in sich beherbergt, [...] das andere, welchem uns die Bestimmung der Geburt zugewiesen hat [...], das nicht allen, son-

dern ganz bestimmten Menschen gehört. Einige schenken ihre Mühe gleichzeitig jedem der beiden Staatsgebilde [...], einige nur dem kleineren, einige nur dem größeren. Diesem größeren Staat können wir uns auch in der Muße widmen, ja vielleicht sogar in der Muße gründlicher, so daß wir untersuchen, was Tugend sei [...]; ob das, was Meere und Länder sowie das im Meer und in den Ländern Vorhandene in sich einschließt, ein einziges sei, oder ob Gott viele solche Substanzen verstreut hat« (es folgen weitere natur- und religionsphilosophische Fragen). »Welchen Dienst erweist Gott, wer dies betrachtet? Daß diese seine gewaltigen Werke nicht ohne Zeugen seien. Wir pflegen zu sagen: das höchste Gut sei naturgemäß zu leben: die Natur hat uns für beides geboren, zur geistigen Schau der Dinge und zum Handeln« (4,1 f.).[13] Daß der Autor das erstere, nämlich die »philosophische Versenkung in kosmische Wahrheiten«[14] für ganz besonders wichtig hält, weil sie ein tieferes Eindringen in die Geheimnisse des göttlichen Waltens ermöglicht, zeigt er unter anderem im Vorwort zu den *Naturales quaestiones I*, wo er der Naturphilosophie (die im antiken Sinn zugleich auch Kosmologie und Theologie ist) den Vorzug vor jener Philosophie einräumt, die sich mit rein menschlichen Problemen befaßt. Dort lesen wir den Satz: »O welch ein verächtliches Wesen ist der Mensch, wenn er sich nicht über Menschliches erhoben hat!«[15] Die angestrebte Tugend sei großartig, nicht weil es an und für sich beglückend sei, frei vom Bösen zu sein, sondern weil sie den Geist zur Erkenntnis der himmlischen Dinge vorbereite und der Gemeinschaft mit Gott würdig mache.[16]

Jenes größere Gemeinwesen, dem man nach Seneca vornehmlich in der Muße dienen kann, erscheint, da es Götter und Menschen umfaßt, in der Vorstellung des Stoikers als ein kosmischer Staat. Infolge ihrer Teilnahme am göttlichen Logos sind alle Menschen von ihrer Anlage her mit der Gottheit verwandt und untereinander gleichwertig.[17] Die ganze Menschheit bildet daher eine große Gemeinschaft auf der Basis der Vernunft, und es nimmt daher nicht wunder, daß

der Kosmopolitismus in der Stoa besonders fest verankert war und von Seneca wiederholt zum Ausdruck gebracht wurde, so auch im 28. Brief des 3. Buches: »Nicht bin ich für einen einzigen Winkel geboren, mein Vaterland ist diese ganze Welt« (4).[18] Der Gedanke des Weltbürgertums wird gemeinhin verstanden als ein Streben nach einem alle Menschen umfassenden Universalstaat, der das eigentliche Ziel staatspolitischer Intentionen des Stoikers sein sollte.[19] Darüber hinaus aber ist freilich (wie bereits oben angedeutet) an eine ideelle Gemeinschaft von Göttern und Menschen im kosmischen Sinn zu denken, die durchaus nicht als bloße Fiktion, sondern im Rahmen des stoischen Weltbildes als Realität anzusehen ist, zunächst insofern, als sich die »Weisen« über alle politischen Grenzen hinweg untereinander und mit den Göttern verbunden fühlen. Prinzipiell aber ist dieser Zustand für alle Menschen gedacht: »Ein gewaltiges und edles Ding ist der menschliche Geist; er läßt sich nur Grenzen setzen, die er auch mit Gott gemeinsam hat. [...] Sein Vaterland ist der Raum, der in seinem Umfang die äußersten Gebiete des Universums einschließt, dieses ganze (Himmels-)gewölbe, innerhalb dessen [...] die Luft Göttliches und Menschliches zwar trennt, aber auch verbindet.«[20] Somit kann sich der Stoiker gerade durch seine naturphilosophischen Betrachtungen im wahrsten Sinne des Wortes als Weltbürger fühlen, als Kosmopolit fühlen, wobei ihm seine »vita contemplativa« auch zu einer Quelle echter Freude wird: »und dies hat er (der menschliche Geist) als Beweis seiner Göttlichkeit, daß ihn Göttliches erfreut«.[21]

Damit sind wir aber bereits bei einem neuen Thema angelangt: Ein Leben nach der Lehre der Stoa, so behaupten ihre Repräsentanten, führt zur seelischen Ausgeglichenheit, einem glücklichen Zustand, der auch dauerhafte Freude garantiert. Wie aber gelangt man zu dieser Freude? Eine Antwort darauf gibt Seneca explizit oder implizit an verschiedenen Stellen seiner Werke, so z. B. im 23. Brief, dessen Gedankengänge unter dem Aspekt der stoischen Ethik leicht nachzuvollziehen sind. Dort lesen wir unter anderem den Satz (2):

»Den Höhepunkt« (nämlich: seiner geistigen Entwicklung) »hat erreicht, wer weiß, woran er sich freuen soll.« Von besonderer Wichtigkeit ist also die stoische Unterscheidung zwischen der echten (heiteren) Freude (χαρά, *gaudium*) und der Lust (ἡδονή, *voluptas*). Daher auch Senecas Mahnung an Lucilius: »Lerne Dich freuen!« (3) und: »Glaub mir, wahre Freude ist eine ernste Sache« (4). Während sogenannte »Freuden« und Vergnügungen an äußere Bedingungen geknüpft, oberflächlich und ohne Bestand sind – ein hoher Preis ist für sie zu bezahlen (epist. 27,2) –, findet man die echte, dauerhafte Freude in seinem Innern, im Bewußtsein seines eigenen Wertes, das getragen wird von der Pflichterfüllung sowie von der Verwirklichung der sittlichen Grundsätze der Stoa durch allmähliche Überwindung der eigenen Schwächen, Fehler und Laster, denen Seneca mit seiner Philosophie einen leidenschaftlichen Kampf angesagt hat.[22] (Dieser Aufgabe dienen im 3. Buch insbesondere die Briefe 25, 27 und 28.) *Sola virtus praestat gaudium perpetuum, securum*, lautet die lapidare Lösung dieses Problems im 27. Brief (3), der dasselbe Thema noch einmal aufgreift und unter einem neuen Blickwinkel weiterführt. Hier wird nämlich Lucilius durch drastische Vergleiche vor Augen geführt, daß der schwierige Weg zur wahren Freude aus eigener Kraft ohne fremde Hilfe bewältigt werden muß.

Diese innere Gelassenheit, diese heitere Freude eines in sich gefestigten Charakters kann durch nichts, auch nicht durch das Wissen vom eigenen Tod getrübt werden, denn der wahre Stoiker kennt keine Angst. Für diese gibt es im stoischen Konzept keinen Platz, und es scheint, daß Seneca in der Bekämpfung der Angst vor Widrigkeiten und Gefahren aller Art, der Angst vor Krankheit und Schmerzen, insbesondere aber der Todesangst eine seiner Hauptaufgaben gesehen hat.[23] Im 3. Buch seiner *Epistulae* ist dieser Aufgabe vor allem der 24. Brief gewidmet.

Tota enim philosophorum vita [...] commentatio mortis est lesen wir bei Cicero.[24] Man darf wohl mit einigem Recht behaupten, daß dieser Satz für keinen antiken Philosophen

Nachwort

mehr zutrifft als für Seneca. So stellte A. D. Leeman fest, daß das Todesmotiv in fast der Hälfte der 124 Briefe an Lucilius auftauche, wobei es in mehreren das Hauptmotiv sei:[25] Neben dem bereits angeführten 24. Brief finden wir im vorliegenden Buch noch weitere Auseinandersetzungen mit der Todesproblematik oder wenigstens Hinweise darauf in epist. 22,14–17; 23,4 und 10; 26,6–10; 27,2 und 29,9.

Die menschliche Seele ist nach stoischer Lehre ein Teil des göttlichen Pneumas; wie dieses die ganze Welt (Makrokosmos), so durchdringt, bewegt und formt sie den menschlichen Körper (Mikrokosmos). Über ihren Zustand nach dem Tod gibt es unter den Stoikern keine übereinstimmenden klaren Vorstellungen.[26] Nach der einen Auffassung wird die Seele nach dem Tod wieder in das göttliche Universum eingehen. Vielfach aber wird auch die Möglichkeit ihrer Fortdauer erwogen, doch längstens bis zum allgemeinen Weltenbrand,[27] bei dem sie ins Urfeuer zurückkehrt. Platon hat bekanntlich gelehrt, daß die menschliche Seele unsterblich ist, daß sie durch den Tod von den Fesseln ihres Körpers befreit wird und so erst zu ihrer vollen Entfaltung gelangen kann.[28] Seneca legt sich als Stoiker in dieser Frage nicht eindeutig fest,[29] wiewohl er gelegentlich zur Platonischen Auffassung zu neigen scheint: »Dieser schwache Körper, Gewahrsam und Fessel des Geistes, wird hin und her gestoßen [...]. Doch der Geist selbst ist heilig und ewig und gegen jede Handgreiflichkeit gefeit.«[30] Dieser Platonische Glaube an die Unsterblichkeit wird vor allem gegen Ende der Trostschrift an Marcia – in deutlicher Anlehnung an Ciceros *Somnium Scipionis* – beschworen: »Nur das Abbild deines Sohnes ist dahingegangen [...]; er selbst aber ist ewig und jetzt in einem besseren Zustand, von wesensfremden Lasten befreit und sich selbst überlassen. Das, was du als unsere Hülle siehst, Knochen, Muskeln und Haut [...] sind Fesseln der Seele [...]. Sie strebt dorthin zurück, von wo sie herabgesandt wurde; dort wartet auf sie die ewige Ruhe [...]. Es gibt daher für dich keinen Anlaß, zum Grab deines Sohnes zu laufen; das, was an ihm das schlechteste und ihm selbst am

lästigsten war, liegt dort, Gebeine und Asche [...]. Unversehrt und nichts von sich auf der Erde zurücklassend, ist er [...] von hier weggegangen; er verweilte noch eine kurze Zeit über uns, während er geläutert wurde [...], hierauf erhob er sich in die Höhen und eilte unter die seligen Geister.«[31] Ebenfalls auf das *Somnium Scipionis* anspielend, vergleicht der Autor am Anfang des 102. Briefes sein Nachdenken über die Unsterblichkeit der Seele mit einem angenehmen Traum: »Bereitwillig vollzog ich die Gedanken bedeutender Männer nach, die einen überaus erfreulichen Zustand eher in Aussicht stellen, als ihn beweisen können. Ich überließ mich dieser großartigen Hoffnung [...], als ich plötzlich durch Deinen Brief geweckt wurde.« Der Schlußteil dieses Briefes klingt aus in eine Verherrlichung des menschlichen Geistes, der, vom Körperlichen befreit, nach dem Tode weiterleben wird. Die irdische Zeitspanne wird als Vorspiel zu einem besseren und längeren Leben gesehen (23): Der letzte Lebenstag ist der Geburtstag der Ewigkeit (26). Freilich zeigt die Gleichsetzung dieser Überlegungen mit einem schönen Traum, daß Seneca hier keineswegs Platons *feste Überzeugung* von der Unsterblichkeit der Seele teilt, sondern diese höchstens als eine von zwei Möglichkeiten sieht, die seit ihrer klaren Formulierung in Platons *Apologie* des Sokrates (40 CD) der antiken Philosophie geläufig sind und auch in den Briefen unseres Autors gelegentlich ihren Ausdruck finden: »Was ist der Tod? Entweder Ende oder Übergang«.[32] Trotzdem erscheint Leemans Behauptung,[33] die mögliche Annahme einer Unsterblichkeit biete dem Stoiker »in der philosophischen Todesproblematik keinen wirklichen Halt«, doch etwas hart, denn was sonst hätte Seneca dazu bewogen, diese Möglichkeit wiederholt in Betracht zu ziehen und sie – hier freilich auch als einen rhetorisch eindrucksvollen Trostgedanken – gerade an das Ende der *Consolatio ad Marciam* zu setzen? Zugegeben muß jedoch werden, daß die Annahme der Unsterblichkeit bei Seneca als Argument gegen die Todesangst im allgemeinen eine untergeordnete Rolle spielt. Es sind vielmehr Überlegungen und Ratschläge anderer Art,

mit denen der Autor dem Tod seinen Schrecken nehmen möchte;[34] nicht wenige davon finden sich auch im vorliegenden Buch, insbesondere im 24. Brief.
Zunächst ist hier die allgemeine stoische Überzeugung anzuführen, daß alles, was naturgemäß geschieht, gut ist: der Tod ist naturgemäß, also kann er kein Übel sein.[35] Für den Stoiker Seneca ist der Tod ein Naturgesetz (*lex naturae*), ein Weltgesetz (*lex universi*): »Gut sterben, bedeutet, gerne sterben«;[36] zu dieser Erkenntnis, die ein wesentliches Charakteristikum der stoischen Weisheit ist, die auf bewußter Bejahung der kosmischen Ordnung beruht, sollte sich jeder vernünftige Mensch durchringen; daher auch die geradezu paradoxe Forderung: »Eher müssen wir uns auf den Tod als auf das Leben vorbereiten« (epist. 61,4); denn nur wer dem Tod als einer Selbstverständlichkeit gelassen ins Auge sieht, wird auch das Leben meistern können. »Es ist ungewiß, an welchem Ort Dich der Tod erwartet, daher erwarte Du ihn an jedem Ort« (epist. 26,7). Und so ruft nun Seneca (mit Epikur) dem Leser zu: »Übe Dich ein auf den Tod!« (*Meditare mortem!*, epist. 26,8).[37] Dieses Sich-Abfinden mit dem Tod – nicht in einer ohnmächtigen Resignation vor dem Unvermeidlichen, sondern als Bejahung des Lebensendes im Sinn einer Erfüllung[38] –, das auf einer »Übung«, einem »Lernprozeß« beruht,[39] möchte Seneca durch ein psychologisches Argument erleichtern: Das Sterben ist nicht als einmaliges punktuelles Ereignis, sondern als langsamer Vorgang, der gleich nach der Geburt einsetzt,[40] zu verstehen. *Cotidie morimur* (epist. 24,20) lautet die prägnante und pointierte Formulierung dieses Gedankens, der, vom Autor oft wiederholt und variiert, dem Tod seinen Schrecken nehmen soll: »Wir irren, wenn wir den letzten Tag fürchten, da ja jeder einzelne (Tag) gleich viel zum Tod beiträgt« (epist. 120,18).[41] Das einzig Aufregende an Zuständen oder Ereignissen, von denen man sich bedroht fühlt, ist lediglich die subjektive Angst davor – und das gilt besonders für den Tod; überwindet man diese Angst, so ist der sie bewirkende Sachverhalt vergleichsweise harmlos.[42] Doch Seneca führt seine Überlegungen noch weiter: Der Tod

ist nicht nur kein Schrecken, sondern etwas durchaus Positives, ja geradezu Erfreuliches, Beruhigendes: er garantiert uns, daß jeder Leidenszustand ein Ende haben wird: »Glaub mir, Lucilius, so wenig hat man den Tod zu fürchten, daß man durch seine Wohltat nichts zu befürchten hat« (epist. 24,11).[43] Und schließlich erblickt Seneca im Tod das äußerste Mittel zur Verwirklichung der menschlichen Freiheit, was die ergänzende Erklärung zur Aufforderung *meditare mortem* unmißverständlich zum Ausdruck bringt: *Qui hoc dicit, meditari libertatem iubet. Qui mori didicit, servire dedidicit* (epist. 26,10).

Freilich führt diese Auffassung auch zur Bejahung des Freitodes, der nach stoischer Lehrmeinung als »wohlüberlegter Abgang« (εὔλογος ἐξαγωγή) sittlich gerechtfertigt ist. Auf diese Möglichkeit, sich unerträglichem Leid oder dem Zwang fremder Gewalt zu entziehen, verweist Seneca in seinen Schriften unzählige Male; ein Beispiel für viele mag hier genügen: »Was die Freiheit sei, fragst Du? Keiner Sache sklavisch untertan zu sein, keinem Zwang, keinen Zufällen, das Geschick auf gleiche Ebene herabzuziehen (vom Geschick unabhängig zu sein) [...]. Ich soll es (das Geschick) ertragen, da doch der Tod in meiner Hand ist?« (epist. 51,9).[44]

A. D. Leeman vermeint bei Seneca ein »Fasziniertsein vom Tode« festzustellen[45] – nicht ganz zu Recht, wie uns scheint. Denn Seneca ist sich, das zeigt u. a. der 24. Brief, angesichts der existentiellen Bedeutung dieser Problematik seiner Verantwortung voll bewußt und tadelt heftig das Fehlverhalten vieler, die aus Lebensüberdruß oder (welch ein Widersinn!) gerade durch ihre Todesangst in den Tod getrieben werden und dabei eine bedenkliche »Lust am Sterben«, beziehungsweise eine »leichtfertige Neigung zum Sterben« an den Tag legen, während »ein weiser Mann aus dem Leben nicht fliehen, sondern scheiden« soll.[46] Der Selbstmord ist auch für den Stoiker Seneca eben nur als *ultima ratio* vertretbar.[47]

Hingegen drängt sich bei Senecas unablässigen Reflexionen über den Tod sowie bei seiner leidenschaftlichen Suche nach Argumenten gegen die Todesangst, die, einmal gefunden,

immer neu variiert werden, die Vermutung auf, daß der Autor nicht nur für den Leser schreibt, um ihm in seiner Todesangst beizustehen, sondern daß vor allem auch er selbst von dieser Angst ständig gepeinigt wird[48] und mit allen Mitteln gegen sie ankämpfen will. Kein »Fasziniertsein vom Tode« also, sondern im Grunde genommen: Angst vor dem Tode, die jedoch nicht verdrängt, sondern durch die oben knapp umrissenen philosophischen und doch sehr lebensnahen Überlegungen bewältigt werden soll.[49] Dabei verstärkt eben die bisweilen ermüdende Beharrlichkeit und Eindringlichkeit seiner Auseinandersetzungen mit dem Todesproblem (die übrigens nicht selten mit virtuoser Rhetorik vorgetragen werden) den Eindruck von einigermaßen krampfhaften Bemühungen, der eigenen Angst Herr zu werden, und läßt die angestrebte heitere Gelassenheit angesichts des Todes – die wir etwa an der Person des Sokrates bei Platon bewundern – vermissen. Auch auf diesem Gebiet sehen wir also in Seneca einen *proficiens*, als der er auch selbst gelten will, der mit beachtlichem Ideenreichtum auch um die innere Zustimmung zu dem in so überaus beeindruckende Worte gefaßten Gedanken ringt:[50] *Caram te, vita, beneficio mortis habeo!*[51]

Philosophia studium virtutis est: Von dieser Philosophie verspricht sich Seneca nicht wenig: sie ist eine praxisverändernde Kraft, die den Menschen auf den rechten Weg zu führen, ihn von Angst zu befreien und ihm die echten Werte zu zeigen vermag. Dabei übersieht er jedoch nicht, daß philosophische Bemühungen nicht immer vom Erfolg gekrönt sind, sondern bisweilen auch mit Gegebenheiten konfrontiert werden, denen gegenüber sie sich als machtlos erweisen. Und so scheint es nicht unpassend, daß gerade der letzte Brief dieses Buches die Grenzen der Philosophie an einem konkreten Beispiel aufzeigt.[52] Weigert sich jemand, die Wahrheit über sich selbst zu hören, verschließt er sich allen wohlmeinenden Ratschlägen so hartnäckig, wie es Marcellinus tut, dann dürfte wohl – bei allem Optimismus – jede Mühe vergeblich sein.

Obwohl es in dem hier gesteckten Rahmen grundsätzlich

nicht möglich ist, ausführlich auf Strukturanalysen der *epistulae morales* einzugehen, darf hier abschließend auf einen Sachverhalt am Ende des dritten Buches hingewiesen werden, der zwar einem unbefangenen Leser keinerlei Schwierigkeiten bereitet, in G. Maurachs Buch *Der Bau von Senecas epistulae morales* jedoch zu einem wichtigen Detailproblem im Aufbau der Briefsammlung aufgewertet wurde.

In epist. 26,8 macht Seneca seine Absicht kund, bald keine Anleihen mehr bei fremden Denkern zu machen (gemeint sind Sentenzen im Schlußteil der Briefe der ersten drei Bücher, die er »kleine Gaben« u. ä. zu nennen pflegt) und spricht demgemäß in epist. 29,10 von der »*letzten* Zahlung«. Die folgenden Briefe bringen keine solchen Zitate mehr. Somit kann man mit gutem Grund annehmen, daß epist. 29 als ein echter Schlußpunkt des ersten Teiles der Briefsammlung anzusehen ist. Dies war auch, wie Maurach betont, in der Fachwelt immer eine *communis opinio*, die jedoch ein »allgemein verbreitetes Vorurteil« sei.[53] In seiner subtilen Strukturanalyse spürt der Verfasser mit großer Kombinationsfreudigkeit Senecas Aufbauprinzipien nach, spricht von komplementären, korrigierenden, parallelen, rekapitulierenden und anderen Briefen, von Haupt- und Nebenthemen, von Quer-, Rück- und Vorverweisen, bzw. Verklammerungen, womit er einzelne Briefe zueinander in Beziehung setzt, Briefkreise feststellt, deren Abgrenzungen mit Buchgrenzen nicht identisch seien[54] (welchen Zweck Seneca mit einer solchen Einteilung verfolgt haben sollte, bleibt m. E. unklar), und entwirft so das Bild eines ungemein komplizierten Aufbaus der Sammlung. Die – noch immer strittige – Frage, ob es sich bei den Briefen um echte Korrespondenz handelt oder nicht, beantwortet er mit der Feststellung, das Briefcorpus sei »aus Kunstbriefen wohlkomponiert und im Ganzen ein Buch und nicht eine Briefsammlung im eigentlichen Sinne«.[55]

Nun aber zurück zum Einschnitt nach epist. 29 (Fehlen von Zitaten)! Auf diesen macht Maurach zwar selbst mit Nachdruck aufmerksam, sieht darin jedoch bloß eine formale Buchgrenze und verteidigt – m. E. nicht sehr überzeugend –

seine Hypothese, daß der dritte Briefkreis erst in epist. 32 einen Abschluß finde.[56]
Bei aller Anerkennung des ausgeprägten Gestaltungswillens der antiken Autoren und ihrer zugegebenermaßen oft diffizilen Kompositionsprinzipien, kann man sich eine so minutiös durchdachte Struktur, wie sie Maurach in den *Epistulae* entdeckt zu haben glaubt, in der Praxis kaum recht vorstellen.[57] Viel eher darf wohl angenommen werden, daß bei unserem Autor, der in seinen Briefen (wie auch in anderen philosophischen Werken) wiederholt die gleichen Probleme aufwirft und erörtert, sich auch sprachliche Formulierungen wiederholen, daß nicht jeder Gedanke, jeder Satz wegen seiner Ähnlichkeit mit einem anderen schon eine *bewußte* Anspielung auf diesen sein muß, sondern daß viele derartige Phänomene, die Maurach als Anhaltspunkte für seine Analyse heranzieht, als reine Zufälligkeiten gelten können. Für uns bedeutet das Fehlen der »Anleihen« nach dem 29. Brief einen (von Seneca selbst hervorgehobenen) eindeutigen formalen Hinweis auf einen Einschnitt in der Sammlung, der *nicht* nur äußerlich das dritte Buch abschließt, sondern auch das Ende eines größeren, aus den Briefen der drei ersten Bücher locker zusammengefügten Gedankenkomplexes bildet.

Anmerkungen

1 Cic. Tusc. 1,1.
2 Siehe epist. 22, Anm. 6. Man vergleiche zudem die anderen ausführlich kommentierten und mit Literaturhinweisen versehenen zweisprachigen Seneca-Ausgaben in Reclams-Universal-Bibliothek, insbesondere die Bände I und II der Lucilius-Briefe (Nr. 2132 und 2133) sowie die *Trostschrift an die Mutter Helvia* (Nr. 1848 [2]).
3 Cic. Tusc. 5,1.
4 Da das lateinische Wort auch »Unfähigkeit, etwas zu ertragen« bedeuten kann, möchte es Seneca (epist. 9,2) durch *invulnerabilis animus*: »unverwundbarer Geist« oder *animus extra omnem patientiam positus*: »Ein Geist jenseits aller Empfindung« ersetzen.

5 Ein schönes Bild eines solchen Weisen zeichnet Seneca u. a. in epist. 41,4f. Vgl. auch epist. 48,11.
6 Vgl. etwa Seneca, epist. 20,2: *Facere docet philosophia, non dicere*.
7 K. Abel, »*Seneca*«, in: *Lexikon der Alten Welt*, Sp. 2778.
8 Die Frage, wieweit Seneca das ethische Ideal der Stoa in seinem Leben verwirklicht hat, wurde schon im Altertum diskutiert und ist bis heute nicht verstummt. Nicht selten warf man ihm vor, er selbst habe die von ihm oft erhobene Forderung nach Übereinstimmung von Worten und Taten (vgl. epist. 24,15 mit Anm. 22) mißachtet. Dazu ist vor allem zu sagen, daß sich Seneca seiner eigenen menschlichen Schwächen durchaus bewußt war und sich nicht zu den »Weisen«, sondern höchstens zu den *proficientes* (s. o.) zählte. In letzter Zeit scheint sich in der Forschung ein günstiges Gesamturteil über Senecas Charakter durchzusetzen. (Vgl. besonders P. Grimal, *Seneca*, Darmstadt 1978, S. 8 ff., 71 f. und passim.)
9 Vgl. epist. 22, Anm. 1.
10 Dazu ausführlich Grimal, S. 103–155.
11 Vgl. epist. 48,7 f., wo der philosophisch Engagierte aufgefordert wird, in Not geratenen Mitmenschen jede erdenkliche Hilfe zu leisten.
12 Vgl. epist. 41,1.4 und 48,11.
13 Vgl. dazu G. Pfligersdorffer, »Vom Rückzug des in der Öffentlichkeit Wirkenden«, in: *Antidosis*, Wien/Köln/Graz 1972, vor allem S. 256 f.
14 Grimal, S. 154.
15 Sen. nat. quaest., I praef. 5. Vgl. auch Sen., dial. 12 (Helv.), 6,7 f.; 8,6 und den Schlußabsatz.
16 Nat. quaest., I praef. 6. Mit Recht betont Grimal, S. 49 f., daß für Seneca die Theologie die Krönung der Philosophie sei, und daß man seine Philosophie allzuhäufig in einer »Sittlichkeitslehre aufgehen« lasse.
17 Vgl. epist. 47,10 und 95,33.
18 Vgl. auch Sen. Helv. 8,5; 9,7 und epist. 68,2.
19 Der stoische Kosmopolitismus bildete eine passende theoretische Grundlage für die Expansionspolitik der Römer.
20 Sen. epist. 102,21; vgl. Cic. de fin. 3,64; nat. deor. 2,154.
21 Sen. nat. quaest. I praef. 12.
22 Diesen Kampf führt Seneca auch mit allen Mitteln seiner geistvollen, auf Wirkung bedachten Rhetorik. Mit Recht nennt ihn Quintilian »großartig in der Anprangerung von Lastern« (*egregius vitiorum insectator*, inst. or. X,1,129).

23 Vgl. Sen. Helv. 13,2.
24 »Denn das ganze Leben der Philosophen ist ein Überdenken des Todes (eine Vorbereitung auf den Tod)«. Cic. Tusc. 1,75.
25 A. D. Leeman, »Das Todeserlebnis im Denken Senecas«, in: *Gymnasium* 78 (1971) S. 322–333; S. 324.
26 Dazu s. Leeman, S. 325 f.
27 Nach stoischer Lehre löst sich der Kosmos in großen Weltperioden immer wieder im Urfeuer auf (ἐκπύρωσις, Weltbrand) und geht daraus, dem vorigen völlig *gleich*, neu hervor (παλιγγενεσία, Wiedergeburt, Erneuerung). Diese Wiedergeburt gilt ebenfalls für die Einzelseelen.
28 Z. B. Platon, *Phaidon* 67 A und D.
29 (Die Seele) »wird *entweder* in ein besseres Leben entlassen, wo sie in göttlicher Sphäre ein lichteres und friedlicheres Dasein führen soll, *oder* wird gewiß keinen Schaden nehmen, wenn sie wieder der Natur beigemischt wird und in das Ganze zurückkehrt« (epist. 71,16). Die Natur, d. h. das Universum, das ja im stoisch-pantheistischen Sinn als göttlich zu denken ist, kann jedoch keineswegs mit dem Nichts gleichgesetzt werden. Ich kann daher A. D. Leeman nicht zustimmen, wenn er S. 327 schreibt: »Die Gestalt, in welcher der Tod Seneca [...] entgegentrat, war nicht die eines ewigen Lebens, sondern die eines ewigen Nichts.« Die Annahme eines »ewigen Nichts« scheint mir ganz und gar unstoisch.
30 Helv. 11,7; s. auch epist. 24, Anm. 25.
31 Marc. 24,5–25,1; vgl. Cic. de re publ. VI (Somn. Scip.) passim, vor allem 29.
32 Epist. 65,24; vgl. epist. 24,18; 71,16 und 93,10.
33 Leeman, S. 326.
34 Wir beschränken uns hier auf einige wenige Hinweise. Ausführlicher bei Leeman, S. 327 ff.
35 Siehe Cic. Cato de sen. 71.
36 Nat. quaest. VI 32,12; epist. 71,16; Helv. 13,2; epist. 61,2.
37 Zu bemerken ist, daß schon Platon (Phaid. 80 E / 81 A) in der μελέτη θανάτου (Einübung auf den Tod) die eigentliche Aufgabe des richtigen Philosophierens erblickt.
38 Der Tod wird gelegentlich mit dem Hafen verglichen, den das Lebensschiff anläuft (z. B. Cicero, Cato 71; Seneca, epist. 70,3).
39 Siehe epist. 26,8 und 22,16.
40 Epist. 4,9.
41 Vgl. z. B. epist. 24,19–21; ferner epist. 1,2; 26,4; 58,23.
42 Vgl. dazu den rhetorisch überaus wirkungsvollen Abschnitt epist. 24,12–14.

43 Vgl. auch epist. 24,11 mit Anm. 18 und 24,17.
44 Vgl. dazu vor allem epist. 24,6–14. Makabre Beispiele bedingungsloser Durchsetzung des eigenen Freiheitswillens gegen Zwänge fremder Gewalt bringt epist. 70,19 ff. Im scharfen Gegensatz zu der immerhin recht egozentrischen Beurteilung des Selbstmordes durch die Stoiker steht die verantwortungsbewußtere und, wenn man will, idealistischere, an die christliche Ethik erinnernde Auffassung Platons, wonach der Mensch als Eigentum der Götter *kein* Verfügungsrecht über sein Leben habe (*Phaidon* 62 BC). Die Platonische Ansicht vertritt auch Cicero in de re publ. VI (Somn. Scip.) 15.
45 Vgl. die einschlägigen Zitate bei Leeman, S. 331, vor allem de ira 3, 15,4.
46 Zum Gedankengang vgl. epist. 24,22–25.
47 Die Einübung des Todes führt, wie Grimal, S. 123, richtig bemerkt, nicht zwangsläufig zum Selbstmord. Vgl. auch Sen. epist. 69,6.
48 Dazu trug auch seine Kränklichkeit einiges bei: s. epist. 22, Anm. 2.
49 R. Mellein verweist auf Senecas fanatischen Willen, »seiner selbst im Schreiben gewiß zu werden« (in: *Hauptwerke der antiken Literaturen*, S. 358 f.). Vgl. auch Grimal, S. 163, und Sen. epist. 23,1.
50 Abweichend von unserer Auffassung meint Grimal, S. 164, Seneca habe diese »heitere Gelassenheit« erlangt.
51 »Lieb habe ich dich, mein Leben, um der Wohltat des Todes willen« (Marc. 20,3).
52 Ähnlich in epist. 25 und epist. 11,1.
53 Maurach, S. 112 mit Anm. 131. – Für die Auffassung, daß die ersten drei Bücher formal und inhaltlich eine Einheit bilden s. auch P. Kroh in: *Lexikon der antiken Autoren*, S. 557; ferner R. Mellein in: *Hauptwerke der antiken Literaturen*, S. 358, und H. Cancik, *Untersuchungen zu Senecas epistulae morales*, Hildesheim 1967, S. 143 und 145 f.
54 Maurach, S. 128.
55 Maurach, S. 181. – Diese heute ziemlich verbreitete Hypothese der fiktiven Briefe (vgl. etwa G. Schmidt, »Seneca«, in: *Der Kleine Pauly*, Bd. 5, Sp. 113) teilt jedoch Grimal (S. 315) nicht: Es handle sich um echte Briefe, mit denen Seneca »dem Freund bei seinem Bemühen um sittliche Bildung« Anleitungen geben möchte. Trotzdem bleibe noch Raum für literarischen Kunstgriff, und es sei nicht auszuschließen, daß Seneca seit Beginn der Korre-

spondenz »die Absicht gehabt habe, das zu veröffentlichen, was seiner Meinung nach einen über das rein Persönliche hinausgehenden Wert habe«. Grimals Auffassung, die einen Mittelweg zwischen zwei Extremen (»echte Briefe« – »fiktive Briefe«) beschreibt, stimmen auch wir zu.

56 Die ersten drei Briefkreise teilt Maurach, wie folgt, ein: epist. 1–10; 12–15 (epist. 11 habe eine »Gliederungsfunktion«) und 16–32.

57 Wenn wir auch den Ergebnissen des Verfassers hinsichtlich der Gesamtstruktur des Briefcorpus weitgehend nicht zustimmen können, sehen wir den Wert seiner Arbeit in den vielen Einzelbeobachtungen, die manches zur Aufhellung von Detailproblemen der *epistulae* beigetragen und zu einem vertieften Verständnis für deren Gedankengänge geführt haben.

Senecas erhaltene Werke

1. Philosophische Schriften

(Eingeklammert ist das vermutliche Erscheinungsjahr)

a) Eine Sammlung von zehn *Dialogen* in zwölf Büchern. Ihre Titel lauten:

De providentia – Die Vorsehung (um 63)
De constantia sapientis – Die Standhaftigkeit des Weisen (55?)
De ira – Der Zorn (drei Bücher 41)
Ad Marciam de consolatione – Trostschrift an Marcia (39/40)
De vita beata – Das glückliche Leben (58)
De otio – Die Muße (62)
De tranquillitate animi – Die Gemütsruhe (53 od. 54)
De brevitate vitae – Die Kürze des Lebens (49)
Ad Polybium de consolatione (Trostschrift an Polybius (43/44)
Ad Helviam matrem de consolatione – Trostschrift an die Mutter Helvia (42)

Als literarisches Vorbild für diese Werke – Dialog bezeichnet hier ganz allgemein eine philosophische Abhandlung – gilt gemeinhin die volkstümliche Sittenpredigt, genannt *Diatribe*, deren sich vor allem kynische und stoische Philosophen bedienten. Zu ihren charakteristischen Merkmalen gehören u. a. eine provozierende Diktion, fertige Gemeinplätze (*topoi*) und gelegentlich eingestreute Auseinandersetzungen des Autors mit Einwänden eines imaginären Gesprächspartners, die zur Belebung der Gedankenführung beitragen sollen. Ähnliche stilistische Merkmale wie die *Dialoge*, obwohl nicht zu ihnen zählend, zeigen auch:

b) *Ad Neronem de clementia* – An Nero über die Güte (um 56)
c) *De beneficiis* – Die Wohltaten (59–60?)
d) *Naturales quaestiones* – Naturphilosophische Probleme (ab 62)
e) *Epistulae morales ad Lucilium* – Briefe an Lucilius über Ethik (ab 62)

Diese in 20 Büchern überlieferten 124 Briefe – die Sammlung ist unvollständig, der Schluß fehlt – sind das reifste Werk des Philosophen. Sie wollen keine systematische Darstellung der stoischen Lehre sein, sondern werfen eine Reihe von Problemen des menschlichen Daseins wie Armut, Reichtum, Genügsamkeit, Glück, Bildung,

Freundschaft, Existenzangst, Tod, Freiheit und andere auf, deren philosophische Erörterung Senecas klaren Blick für praktische Lebensbedürfnisse nicht verleugnen läßt.

2. Dichtungen

a) Die Schmähsatire *Apocolocyntosis* (dieser Titel findet sich nur bei Cassius Dio, in den HSS lautet er: *Divi Claudii apotheosis* oder *Ludus de morte Claudii*) – die »Verkürbissung« (übertragen für »Verspottung«) ist eine Parodie auf die Apotheose des Kaisers Claudius (54).

b) Tragödien (nicht mit Sicherheit datierbar – wenigstens einige davon dürften während Senecas Verbannung auf Korsika 41–49 entstanden sein); ihre Titel sind: *Hercules furens* (Der rasende Herkules), *Troades* (Die Troerinnen), *Phoenissae* (Die Phönikerinnen), *Medea, Phaedra, Oedipus, Agamemno, Thyestes* und *Hercules Oeteus* (Herkules auf dem Öta – Echtheit fraglich).
Die in der Sammlung überlieferte *fabula praetexta* (nationalrömisches Schauspiel ernsten Charakters) *Octavia* gilt als unecht.

Senecas Tragödien zeigen rhetorisches Pathos und eine deutliche stoisch-moralisierende Tendenz. Ihre Nachwirkung auf das klassische Drama in Frankreich, Italien, Spanien und England war beachtlich.

c) Unter Senecas Namen sind auch einige Epigramme überliefert, deren Echtheit jedoch bezweifelt wird.

Literaturhinweise

Ausgaben und Übersetzungen

Beltrami, A.: L. Annaei Senecae ad Lucilium epistulae morales. 2 Bde. Rom: Typis Publicae Officinae Polygraphicae, 1931. (Sriptores graeci et latini consilio Academiae Lynceorum editi.)

Boella, U.: Lettere a Lucilio di Lucio Anneo Seneca. Lat./Ital. Turin: J. B. Paravia, ²1969.

Gummere, R. M.: Seneca ad Lucilium. Epistulae Morales. Lat./Engl. 3 Bde. London/Cambridge (Mass.): Heinemann, 1953. (The Loeb Classical Library.)

Préchac, F.: Sénèque. Lettres à Lucilius. Lat. mit frz. Übers. von H. Noblot. 5 Bde. Paris: Collection des universités de France, 1959–64. (Collection G. Budé.)

Reynolds, L. D.: L. Annaei Senecae ad Lucilium epistulae morales. 2 Bde. Oxford: Clarendon Press, 1965 (repr. 1966, 1969).

Rosenbach, M.: L. Annaeus Seneca. Philosophische Schriften. Lat./Dt. Bd. 3 und 4: Ad Lucilium epistulae morales 1–69 und 70–124 [125]. (Lat. Text von F. Préchac.) Darmstadt: Wissenschaftliche Buchgesellschaft, 1974, 1984.

Glaser-Gerhard, E.: L. Annaeus Seneca. Briefe an Lucilius. 2 Bde. Reinbek bei Hamburg: Rowohlt, 1965–67. (Lateinische Literatur. 10. 11.)

Rezension

Maurach, G.: Sen., Ep. ad Lucilium. 1. ed. Préchac/Noblot. 2. ed. Reynolds. In: Gnomon 40 (1968) S. 790 ff.

Ausgewählte Forschungsliteratur

Albertini, F.: La Composition dans les Ouvrages Philosophiques de Sénèque Thèse. Paris 1923.

Bellincioni, M.: Potere ed etica in Seneca. Brescia 1984.

Blüher, K. A.: Seneca in Spanien. Bern/München 1969.

Bütler, H.-P. / Schweizer, H. J.: Seneca im Unterricht. Heidelberg 1974.

Cancik, H.: Untersuchungen zu Senecas Epistulae morales. Hildesheim 1967. (Spudasmata. 18.)

Literaturhinweise

Costa, C. D. N.: Seneca. Greek and Latin Studies. Classical Literature and its Influence. London/Boston 1974.
Georgii, H.: Textkritische Beiträge zu Seneca. In: Philologus 84 (1929) S. 82 ff.
Griffin, M. T.: Seneca. A Philosopher in Politics. Oxford 1976.
Grimal, P.: Seneca. Macht und Ohnmacht des Geistes. Ins Deutsche übertr. von K. Abel. Darmstadt 1978. (Impulse der Forschung. 24.)
- Seneque ou la conscience de l'Empire. Paris 1979.
Guillemin, A.: Sénèque, Directeur d'âmes. In: Revue des Études Latines 30 (1952) S. 202 ff.; 31 (1953) S. 215 ff.; 32 (1954) S. 250 ff.
Hadot, I.: Seneca und die griechisch-römische Tradition der Seelenleitung. Berlin 1969.
Knoche, U.: Der Philosoph Seneca. Frankfurt a. M. 1933.
Kühnert, F.: Allgemeinbildung und Fachbildung in der Antike. Berlin 1961. (Deutsche Akademie Berlin. Schriften der Sektion für Altertumswissenschaft. 30.)
Lana, I.: Lucio Anneo Seneca. Turin 1955.
Leeman, A. D.: Das Todeserlebnis im Denken Senecas. In: Gymnasium 78 (1971) S. 322–333.
Loretto, F.: Seneca als Kritiker der traditionellen römischen Denkweise. In: »Hasnerplatz 11«. Festschrift für Franz Göbhart. Graz 1979. S. 106–110.
- Seneca in der Schule. In: IANUS. Informationen zum Altsprachlichen Unterricht 9. Graz 1987/88. S. 34 ff.
Maurach, G.: Der Bau von Senecas Epistulae morales. Heidelberg 1970.
- Seneca. Leben und Werk. Darmstadt 1991.
- (Hrsg.): Seneca als Philosoph. Darmstadt 1975. (Wege der Forschung. 414.)
Motto, A. L.: Guide to the Thought of Lucius Annaeus Seneca. Amsterdam 1970.
Pfligersdorffer, G.: Vom Rückzug des in der Öffentlichkeit Wirkenden. In: Antidosis. Festschrift für W. Kraus. Wien/Köln/Graz 1972. S. 252–266.
Pohlenz, M.: Die Stoa. 2 Bde. Göttingen ⁴1970–72.
Reynolds, L. D.: The Medieval Tradition of Seneca's Letters. (Oxford Classical and Philosophical Monographs. 9.)
Richter, W.: Lucius Annaeus Seneca. Das Problem der Bildung in seiner Philosophie. Diss. München 1940.
- Seneca und die Sklaven. In: Gymnasium 65 (1958) S. 196–218.
Rozelaar, M.: Seneca. Eine Gesamtdarstellung. Amsterdam 1976.

Schottlaender, R.: Epikureisches bei Seneca. In: Philologus 99 (1955)
  S. 133 ff.
Sørensen, V.: Seneca. Ein Humanist an Neros Hof. München ²1985.
Stückelberger, A.: Senecas 88. Brief. Über Wert und Unwert der
  Freien Künste. Heidelberg 1965.
Trillitzsch, W.: Seneca im literarischen Urteil der Antike. Bd. 1: Darstellung. Bd. 2: Quellensammlung. Amsterdam 1971.
Ueberweg, F. / Praechter, K.: Grundriß der Geschichte der Philosophie. T. 1: Die Philosophie des Altertums. Berlin ¹²1926. Graz
  ¹³1953 (unveränd. photomech. Nachdr. der 12. Aufl.).

Für sachliche Informationen wurden außerdem die bekannten
Nachschlagewerke (*Paulys Realencyclopädie der classischen Altertumswissenschaft, Der Kleine Pauly, Lexikon der Alten Welt*, das
Lexikon der antiken Autoren und *Hauptwerke der antiken Literaturen, Edition Kindler*) herangezogen.
Wesentlich ausführlichere Literaturangaben enthalten die Ausgaben
der Bücher XIV bis XX der *Epistulae morales ad Lucilium* (RUB
Nr. 9371 bis 9375).